广东省古村落

汕头：探秘古村落

姚望新 ◎ 著

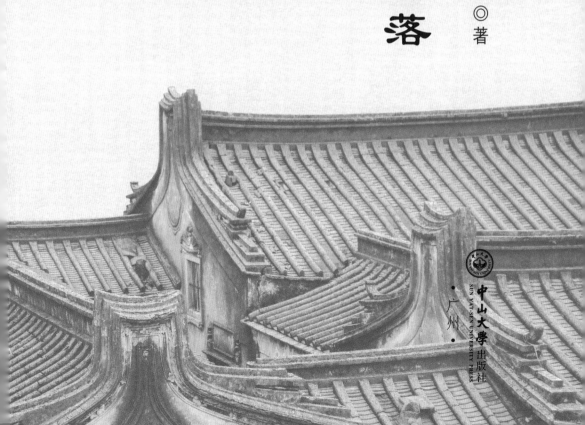

中山大学出版社
·广州·

版权所有　翻印必究

图书在版编目（CIP）数据

广东省古村落．汕头：探秘古村落/姚望新著．—广州：中山大学出版社，2021.8

ISBN 978-7-306-07230-6

Ⅰ．①广⋯　Ⅱ．①姚⋯　Ⅲ．①村落－介绍－汕头　Ⅳ．①K926.55

中国版本图书馆CIP数据核字（2021）第104051号

出 版 人：	王天琪
策划编辑：	曹丽云
责任编辑：	高　洵
责任校对：	卢思敏
封面设计：	林绵华
装帧设计：	林绵华
责任技编：	何雅涛
出版发行：	中山大学出版社
电　　话：	编辑部 020-84111946，84110779
	发行部 020-84111998，84111981，84111160
地　　址：	广州市新港西路135号
邮　　编：	510275　　传　真：020-84036565
网　　址：	http://www.zsup.com.cn　E-mail: zdcbs@mail.sysu.edu.cn
印刷者：	佛山市浩文彩色印刷有限公司
规　　格：	787mm×1092mm　1/16　16.5印张　260千字
版次印次：	2021年8月第1版　2021年8月第1次印刷
定　　价：	98.00元

如发现本书因印装质量影响阅读，请与出版社发行部联系调换

广东省古村落·汕头：探秘古村落

汕头市文学艺术界联合会
汕头市民间文艺家协会　　策划出版

要了解潮汕文化，就要了解古村落；
读懂了古村落，
也许，就读懂了潮汕民间文化。

李丽娜

党的十八大以来,习近平总书记多次强调,建设美丽乡村,"不能大拆大建,特别是古村落要保护好"①。

新农村建设一定要走符合农村实际的路子,遵循乡村自身发展规律,充分体现农村特点。2015年1月,习近平在云南考察时叮嘱,新农村建设要"注意乡土味道,保留乡村风貌,留得住青山绿水,记得住乡愁"②。

古村落是物质文化与非物质文化的有机结合体,是在特定历史中形成并保存至今的传统乡村聚居地。对于发源于农耕文化的中华文明来说,村落有着至关重要的意义。冯骥才先生曾指出,中国最大的物质遗产是万里长城,最大的非物质文化遗产是春节,最大的物质和非物质文化遗产就是古村落。③

广东省古村落是指广东省范围内,清代以前形成,现存历史文化实物和非物质文化遗产比较丰富,能较完整地反映某

---

① 《习近平:建设美丽乡村不是"涂脂抹粉"》,见人民网(http://cpc.people.com.cn/n/2013/0723/c64094-22297445.html,2013-07-23)。

② 李自良、丁怡全、施雨岑等:《留住乡愁 绽放新颜——传统村落保护激发乡村活力》,见中国政府网(http://www.gov.cn/xinwen/2019-08-18/content_5422163.htm,2019-08-18)。

③ 参见冯骥才主编,中国民间文艺家协会编《中国民间文化遗产抢救工程档案(2001—2011)文献卷 2卷》,宁夏人民教育出版社2015年版。

一历史时期的传统风貌、地方特色、民俗风情，具有较高的历史、文化、艺术和科学价值的村落。

2007年，广东省文学艺术界联合会、广东省民间文艺家协会启动古村落保护专项工作。十几年来，省文学艺术界联合会、省民间文艺家协会组织的民俗学、历史学、建筑学、人类学、美学等专业的上百位专家，与各地的民间文化工作者一道，奔走在岭南近18万平方千米的乡土之间，在17万个自然村中，筛选认定7批共368座村落，授予其"广东省古村落"称号，并收集了丰富的文献、口述和音像资料。

汕头在这方面是做出了成绩的。目前，汕头共有20个乡村获得了"广东省古村落"称号，它们分别是前美、程洋冈、龙美、樟林村、南阳村、下底村、鲂东村、蓬洲村、凤岗、沟南、隆城乡、南砂、冠山、葛洲、大宅、珠浦、上窑、东湖、仙门城、仙家。其中，前美、程洋冈、凤岗还被评为"中国古村落"。这些乡村是汕头古村落的典型代表，也是潮汕古村落、岭南古村落的典型代表。保存完整的宋代古碑，明清民居、庙宇、祠堂，乃至古榕树、亭台楼阁等丰富的物质文化遗产，镌刻着明显的地方印记。与古村落密切关联的民间习俗、生产生活、婚丧嫁娶、民间信仰，以及民间艺术、民间故事、民间谚语、民间音乐、民间舞蹈等非物质文化遗产，是潮汕文化的重要组成部分。

这些古村落中，不乏宝塔式、地标性的岭南文化符号。樟林古村是樟林古港的所在地，是海上丝绸之路的重要门户。前美村的陈慈黉故居以其宏伟的规模、完美的设计、精巧的工艺、独特的风格，被誉为"岭南第一侨宅"。

近年来，汕头市民间文艺家协会主席姚望新同志积极参与广东省古村落保护专项工作，在田野调查中积累了丰富的第一手资料。他结合自己的研究，出版专著《广东省古村落·汕头：探秘古村落》。他以记者和研究者的视角，从不同角度解读了汕头古村落的现状和文化内涵，当中不乏新鲜的观点和独立性研究。

在论述古村落创村方式的过程中，他列举潮汕先民由闽入潮的4种方式，进而分析创村方式与文化的关系。创村的潮汕先民大多非富即贵，即便因避乱而来，也有不寻常的身份背景。先民带来管理地方和农耕渔业等的先进经验，将中原文化、闽文化植入潮汕大地，经过一代又一代的传承发展，渐渐形成辉煌灿烂的潮汕文化。

濠江区的葛洲、东湖两村同是广东省古村落，在香港分别有葛洲同乡会和东湖同乡会，在村里都曾有海员华侨俱乐部。在比较葛洲和东湖两村的发展历史时，作者亮出鲜明的观点：两村的侨乡由来与众不同，和汕头开埠史紧密关联。

在谈到古村落与非物质文化遗产（以下简称"非遗"）的关系时，他提出，古村落孕育了非遗，继之，又以肥沃的土壤养育了非遗，以独特的方式保护传承了非遗。古村落是特定非遗的母体和娘家，有了古村落，才有非遗。它们之间是鱼水关系，非遗因古村落而绽放光彩，古村落因有非遗项目而更有魅力，更有存在价值。

本书还以汕头7座具有代表性的广东省古村落为例，从历史渊源、民居建筑、文化底蕴、人文习俗等方面，全方位地展示了汕头古村落的外在美与内在美。

《广东省古村落·汕头：探秘古村落》是一部介绍汕头古村落的深度著述，它的出版，是广东省古村落保护专项工作的又一研究成果，可喜可贺。

是为序。

2021年3月于广州

（李丽娜，中国民间文艺家协会副主席、广东省民间文艺家协会主席）

目录 CONTENTS

上编　读你，古村落

潮汕古村落因何而来 / 2

布局奇妙令人赞叹 / 10

潮汕厝是潮汕的"最大特产" / 15

祠堂，潮汕文化的特殊标识 / 23

书斋，古村落的一道文化风景 / 30

侨乡史关联开埠史 / 36

每座侨宅背后都有一串故事 / 41

古村落留住了民俗风情 / 48

古村落孕育了特定非遗 / 56

古村落留住了舌尖上的记忆 / 64

上编小结 / 69

下编　精彩，古村落

葛洲，全国侨爱新村 / 72

大宅，全国文明村 / 100

珠浦，著名建筑之乡 / 123

上窖，侨乡古驿道红渡口 / 148

东湖，打造最美侨乡 / 183

仙门城，开启振兴乡村新征程 / 207

仙家，建设美丽乡村 / 226

下编小结 / 249

广东省古村落（汕头）名单 / 250

后记 / 251

广东省古村落 汕头

广东省古村落仙家社区（郑伟深摄影）

上编

读你，古村落

古村落不仅包括民居、祠堂、庙宇、古井、古榕等物质文化遗产，还包括历史渊源、民俗活动、人物风情、民间故事、民间艺术等丰富的文化内涵。

潮汕古村落因何而来

冠山古村落（陈勇摄影）

俗语说，"潮汕人，福建祖"。意思是说，潮汕先民是从福建迁徙而来的。中原汉人由闽入潮主要有3次，分别是在两晋时期、隋唐时期和南宋末年。先民扎根潮汕大地繁衍生息，便催生了一座座村落。汕头古村落创村历史多在600年至800年之间，少数达1000年以上，创村时间与3次闽人入潮时间大致相同。那么，谁是创村人？他们又以什么方式创村？

一、在潮为官，直接入籍

在潮汕为官，看中这里的好山好水，直接落户留下来成为新潮汕人，便是最主要的一种创村方式。

汕头市澄海区隆城村有1100多年的历史，创村者是唐朝将军张道宗。晚唐期间，身为殿前正将的张道宗率兵平定黄巢起义。唐乾符五年（878），张道宗在黄梅信州战役中失利，左足受伤，遂率领部队，沿江西信州（今江西上

古朴的隆城乡东门（隆城村提供）

汕头：探秘古村落

隆城古村落（隆城村提供）

显示宗族渊源的渤海世家（袁笙摄影）

饶）一路南下，退入粤地，直至莲花山（澄海境内）南麓治病疗伤，休养生息。[①]

张道宗是福建莆田人。后来，他看中莲花山南麓一块据说是"龙眼"的风水宝地，遂在此创村立籍，取名"龙眼城"。龙眼城就是现在的隆城村。

陈恬是宋代最后一位潮州刺史，随着宋元朝代更迭而择地隐居河浦（今濠江区河浦街道），创乡建族，从而开启了河西区域河浦的文明发展史。陈恬（1248—1318），字伯霆，号开峰，福建莆田人，21岁时登南宋咸淳四年（1268）进士第，初官授翰林院侍讲，年少有为，受朝廷器

[①] 参见黄赞发著《潮汕先民与先贤》，汕头大学出版社2000年版，第159页。

重。咸淳八年（1272），入侵元兵逼近帝都临安（今浙江杭州），陈懎受命渡江入粤任潮州刺史（知潮州军州事），以图创立据点，收复失地。治潮近7年，为官清正，善政惠民，扩建贡院，增置学田，致力于培养人才。元至元十六年（1279），宋亡，陈懎遂择海隅河浦，娶妻黄氏（今潮阳两英河浦人氏），成家传嗣，成为河浦乡（今河浦街道有河南、河东、河北3个社区）的开基人，陈懎后裔也是古村落濠江区珠浦社区陈姓的创乡人。①

二、名人致仕之后选择潮汕

名人致仕之后独爱潮汕，选择一处风水宝地落户，是汕头古村落的又一种创村方式。卢侗，潮州古八贤之一，自幼博通经史，尤精周易，事亲至孝，为时人所敬重。宋庆历年间（1041—1048），他自家乡福建九龙江游学来潮。卢侗历任潮州长史、柳州知府、循州郡守等职务，以朝奉

冠山卢氏宗祠（陈勇摄影）

---

① 参见许瑛主编《我们濠江》，汕头大学出版社2014年版，第11页。

上窖古村落（杜壮波摄影）

记载创乡历史的上窖姚氏宗祠碑记（袁笙摄影）

大夫、太子中舍致仕。①

卢侗致仕之后没有回福建，而是选择在澄海冠山读书注《易》，著有《周易训释》。乡居期间，他捐资修堤，倡筑涵沟，导水汇潭。卢侗次子昱，以父荫任铅山县主簿，后辞官归养，随父居冠山，为冠山卢氏开基之祖。

---

① 参见黄赞发著《潮汕先民与先贤》，汕头大学出版社2000年版，第157~158页。

冠山是一个多姓氏的村落。林氏一世祖林居安，原籍福建，官至侍御史、银青光禄大夫。宋理宗年间，致仕之后举家来潮，在冠山落户，开启澄海等地林氏入潮历史。

与冠山相邻的上窖村也是致仕官员创村。宋淳祐二年（1242），原籍福建晋江的姚毓英任潮州统制，期满之后回故里定居。其子姚中孚，宋咸淳十年（1274）赐进士，授京府尹、朝奉大夫。辞官之后，他独爱父亲姚毓英曾任职的潮汕地区，迁居上窖村，倚韩江安家。姚毓英被澄海姚氏宗亲尊为入澄始祖。

三、逃避战乱，南迁入潮

为逃避战乱而从福建南迁是汕头古村落的另一种创村方式。著名侨乡澄海区前美村创村600多年，陈姓是创村姓氏。据《陈氏族谱》记载，陈氏是宋岐国公陈洪进的后裔，世居福建泉州。元朝末年，一世祖世序公为了躲避战乱，带着4个儿子迁入潮州，卜居溪尾村。溪尾村是前美村最早形成的村落。①

濠江区珠浦社区居委会编制的资料记载，珠浦村黄氏的开基始祖黄浦隐生于元朝末年。当时，战乱不停，他自福建莆田游学至潮汕，择砂浦都珠浦乡立籍。珠浦郑氏一世祖郑梅机，元末明初定居凤岗，开基创族。至三世祖心淳公，于明初期由凤岗乡徙居珠浦乡西畔翁厝埕。珠浦纪氏先祖纪淑直，明天顺四年（1460）因避乱，到珠浦定居，延续至今。

---

① 参见罗杨总主编《中国名村·广东前美村》，知识产权出版社2012年版，第19页。

东湖创村时唯一的对外通道（袁笙摄影）

四、因人口增加而就近建村

早期先民入潮后，融入这片土地，成为新潮汕人。随着时间的推移，人口数量不断增加，原来的村落体量太小。于是，他们就近发展，创立新村落。宋末元明时期，这种现象最为多见。

东湖、仙门城都是以这种方式创村的。

濠江区东湖创村历史可上溯至800多年前，庄、翁姓为最早的创乡姓氏。明洪武年间，潮阳贵屿李姓后裔在东湖后头石一带创建东湖下乡。后来，林、严、朱等姓氏族人相继迁入，村落渐渐形成规模。东湖人口最多的是林姓村民。据载，明朝期间，共有3个派系的林姓从不同的地方迁入东湖。明嘉靖三十五年（1556），中祠林姓一系从江西建昌迁至广澳后再迁入东湖。"树脚林"于明崇祯年间自马滘（今濠江区）迁入。"下田林"（即今上乡尾林）从埭头迁入。严姓则于明正德初年迁入，朱姓从葛洲迁入。①

据《仙门城赵氏族谱》介绍，潮南区仙门城社区置寨于明建文年间。世居赵氏一姓，一世祖赵五千为宋太祖赵匡胤之弟魏王赵匡美后裔，元末明初从福建漳浦迁居洋乌都大塘陇（今大长陇）。至三世祖赵碧川时，他得何野云指点，先在九石埔立村，而后择地创建仙门城。经过600余年的繁衍生息，现在仙门城的赵氏一姓子孙有十几万人。

澄海区上窑村的黄、高、林等姓氏先民也是从附近乡村迁徙而来，与前前后后到达的其他姓氏村民生活在一起。

从这些创村方式可以看出，创村的先民大多非富即贵，即便因避乱而来，也有不寻常的身份背景。先民们带来了管理地方和农耕渔业等的先进经验，将中原文化、闽文化植入潮汕大地，经过一代又一代的传承和发展，渐渐形成辉煌灿烂的潮汕文化。

（本文原载于2012年3月20日《汕头日报》第6版，有修改）

东湖古村落（杜壮波摄影）

---

① 参见杨育宏编撰《东湖履痕》，东湖社区居委会2020年编印，第2～3页。

布局奇妙令人赞叹

美丽大宅（黄伟雄摄影）

汕头古村落，不管是带状村落，还是多边形村落，在布局上无一雷同，与"千城一面"的现代化都市有着天壤之别。当中，很多村落布局奇巧，独具特色。

奇特八卦村

八卦图及其文化在中国传统文化中占有重要位置，八卦图常见，而八卦村罕见。浙江金华的诸葛八卦村，据传为诸葛亮后人所创立，号称"中国第一奇村"，被列入全国文物保护单位。肇庆市黎槎村是广东省境内最早发现的八卦村，被誉为广府古村活化石。

濠江区珠浦是著名的建筑之乡。这里曾走出黄振达、黄光苗等一批建筑界的领军人物，这里还有独具魅力的八卦形古村落。

珠浦古村落地形独特，中间高、四周低，以高处的鼎脐石为中心，依地形顺势建寨，"四点金""下山虎"等民居

珠浦八卦村（陈史摄影）

建筑呈放射状向四周扩展，近40条巷道纵横相连，似通非通，犹如迷宫一般。外人进入村落，往往易进难出，甚至迷失方向。从高处俯瞰，村落形如八卦，鼎脐石恰好就是八卦图的中心点。

据珠浦社区资料记载，珠浦创村始于宋元丰年间，有近1000年的历史。创村时人口稀少，仅几十户、数百人。首居者为吕氏，其次为翁氏，后多姓合居，有吕、曾、朱、陈、李、林、郑、黄、纪、翁、顾诸姓氏在村境繁衍生息。

由此可见，先人创村时，不是先规划而后布局村落的。珠浦的村落发展是随着迁入人口的增加，包括自身发展而逐渐扩大村落版图。无心插柳柳成荫，八卦村在不经意中渐渐形成，却暗合中国传统文化的天人合一思想。

古村藏古城

潮南区的仙门城社区，现有户籍人口3.2万多人，是全国人口数居第二位的行政村（社区），为纯农社区。这样体量巨大的古村落，却珍藏着一座袖珍小城。

这座小城就是该村的古寨，建于明建文年间，距今600余年，方形格局，南北向宽142米，东西进深148米，建筑面积约2.1万平方米，城墙为古式夯土结构，总长600多米。小城三面环水，类似护城河，设东、南、北3个城门，回避"西门"。其布局与结构就像一座小古城，城门设立更楼。站在更楼上，城外一切风吹草动尽收眼底。城内巷道纵横交错，鳞次栉比的建筑群里，分布着赵氏大宗祠、如川祖祠等多座祠堂、庙宇和民居。

据仙门城社区收集的资料，这座古城是仙门城赵氏三世祖赵碧川得何野云相助而建。传说中，何野云是一位传奇人物，曾是元末农民起义军陈友谅的军师。元朝灭亡后，陈友谅与朱元璋争夺天下，最后兵败鄱阳湖，全军覆

仙门城城墙（袁笙摄影）

没。何野云避祸隐姓埋名，云游四方。后在潮汕地区落定，其间与赵碧川交为好友。为报答赵碧川的真诚款待，何野云帮助赵碧川新建安居的地方。他亲自选址，并规划施工。原计划建城墙总长100版①，但怕引起官府不满，遂只建99版。这地方原称"山门城"，后人为纪念仙师何野云，遂改为"仙门城"。

仙门城面积很小，只有2.1万平方米，其规模和防御能力根本不能与古代的府城、县城相比，属于袖珍型，其功能是一座村落，却称为"城"，并保留城的结构。为何如此，至今仍是一个谜。

池塘绕村落

潮汕民族工业先驱高绳芝的故里上窖村也是一座布局奇特的古村落。上窖傍近韩江，地势低洼，又处交通要道，

---

① 筑墙时用的夹板。墙的尺寸多以版为基数进行计算。

依江而建、碧水环绕的上窑古村落（袁笙摄影）

有渡口，渡船可直达潮州的庵埠、古城等地。明清时期，官府在村里设置驿铺，驿道贯通村落东西。

上窑古村落四周布置八大池塘，池塘之间用沟渠连接，形成一个科学的水利系统。水从高处的西南方向沟口进入，绕村而过，从低处东南方向的沟尾排出。全村的池塘既独立又相连，可发挥最大的蓄水功能。雨季到来，洪水又可及时排出。这使得上窑虽处低洼窑地，却从未发生内涝。遗憾的是，现在部分池塘已不存在。

第六批广东省古村落潮南区大宅社区的老寨也属于这种类型。寨子在湖泊中央，民居、榕树与清澈的池水相映成趣，寨子就像一朵绽放的莲花。

学术界普遍认为，中国古代有城市规划思想，而没有村落规划思想。然而，从汕头这些古村落中，我们却可得到另一个答案。无论珠浦的八卦村、袖珍古城仙门城，还是池塘拥抱的上窑和大宅，先民在村落的选址和布局上，都有明显的规划思想、风水理论和防御意识。他们因地制宜，建造最适合居住、人与自然和谐的村落。由此，我们可从一个侧面窥见先人的智慧，见证潮汕文化的博大精深。

潮汕厝是潮汕的"最大特产"

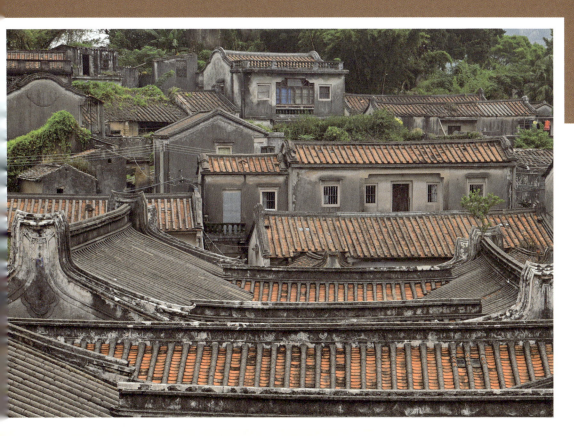

葛洲民居（陈基跃摄影）

汕头：探秘古村落

潮汕传统民居素有"潮汕厝，皇宫起""京华帝王府，潮汕百姓家"的美称。然而，随着农村城镇化进程的推进，在建筑界独树一帜的潮汕古民居已让位于别墅、高楼大厦等现代建筑。潮汕厝何处寻？唯有古村落！

潮汕民居的建筑格局多种多样，潮人用"四点金""下山虎""驷马拖车"等生动形象的称号来命名。

海上丝绸之路的重要门户澄海区樟林保存了许多古民居建筑，有史料记载并保存较完好的是新兴街。它建造于清嘉庆七年（1802），完整度为70%～80%，现存有南盛里等14个古民居建筑群。

老厝木雕（钟荣青摄影）

"四点金"的中门格局（袁笙摄影）

秦牧故居（陈澄燕摄影）

省级文物保护单位秦牧故居位于澄海区东里镇观一村索铺池巷39号，是南盛里的一个小单元，始建于1908年，占地面积387.5平方米，是一座土木建筑类型的"四点金"住宅。

上窖社区沟尾姚家祖宅是典型的"四点金"潮汕厝格局，建于清道光年间，距今已有200多年历史，风雨沧桑，历经战火，仍保存完好。姚家祖宅坐北朝南，四房一大厅二中厅，类似于北京的四合院，配套照壁、火巷、水井，还有神龛、阁楼等，质朴典雅，没有太多的华丽装饰，体现了清朝前期的潮汕建筑理念和普通人家对住房的要求。

潮汕厝是潮汕的"最大特产"

同是位于上窖古村落,名为"渤海世家"的高厝大宅则是一座典型的"驷马拖车"潮汕民居,三厅二天井,两侧是火巷建筑,有前院、后库、书斋、后花园等,一共有99个门、4口水井。这座大宅也有200多年历史,深宅大

"四点金"民居
(杜壮波摄影)

"驷马拖车"民居
(杜壮波摄影)

鳞次栉比的民居
(陈史摄影)

郑邦任的"南园"（郑伟深摄影）

院以及恢宏的建制，透露着这个家族在那个时代的辉煌和奢华。

假如上述只能算是寻常百姓家，那么，潮南仙家的"南园"就是官宦豪宅了。通德里位于仙家村古寨内，为清末著名教育家郑邦任辞官返乡所建，俗称"南园"。

郑邦任生于沙陇一个商贾之家，清同治十二年（1873）乡试得中举人，清光绪九年（1883）上京殿试登进士第，授翰林院庶吉士。"南园"民居建筑群由主座、两火巷、前后花园和后库组成。门楼坐西向东，是一座二层小楼，大门门楣"通德里"三字清晰可辨。进门左侧为前花园，右侧为建筑群，中间为庭前广场。正座为主体建筑，门匾镌刻"太史第"三字。两侧火巷各有两座"四点金"，左右两块匾额各书"厚德载物""书带流芳"。昔日主人深厚的人文底蕴由此可见。

潮汕厝的厝角头（袁笙摄影）

潮汕厝的木雕等装饰（袁笙摄影）

"南园"建于晚清时期，其规模可与"驷马拖车"媲美，但布局又不同于传统的"驷马拖车"，建筑设计及装饰有西洋成分，又有苏州园林风格。

潮汕古建筑杂糅了大小木作、瓦艺、砖艺、石雕、木雕、漆画、金漆画、嵌瓷等多项传统民间工艺。潮汕民居装饰的重点是门楼、屋面和厅堂。房屋上盖，如山墙的峭端，就有金、木、水、火、土5种不同的造型。内部装饰建筑有木雕和石雕等，雕功精益求精、别具一格，配以漆画和嵌瓷等，更是金碧辉煌、美轮美奂。飞檐画栋上则绘制花鸟鱼虫和飞禽走兽、戏曲故事或历史人物，形象生动、栩栩如生。加上鲜艳的色彩，精美绝伦，整个房子显得富丽堂皇。

古建筑装饰（袁笙摄影）

建筑装饰（袁笙摄影）

潮汕厝是潮汕的"最大特产"。

2001年6月25日,"开平碉楼与古村落"被国务院批准列入第五批全国重点文物保护单位名单;2007年被列入《世界遗产名录》,成为中国第35处世界遗产,中国由此诞生了首个华侨文化的世界遗产项目。

起于宋元,成熟于明代,兴盛于清代、民国,经历了沧桑巨变而流传下来的潮汕古民居,是中国建筑历史上的一朵奇葩。它既受到中原文化的影响,又具有鲜明的地域特色,承载着厚重的历史积淀,散发着清新的泥土芳香,具有鲜明的地域性、群众性,是潮汕文化的特殊符号,是中华文化无价的瑰宝和鲜明的地理文化标识。它应该得到有效的保护,应该得到更多的关注和研究。

葛洲民居(谢志亮摄影)

祠堂，潮汕文化的特殊标识

仙门城大宗祠（袁笙摄影）

祠堂是一个区域、一个宗族的根脉所在，是最能留住乡愁的地方。探访潮汕古村落，必访祠堂；研究潮汕民俗文化，不能缺少祠堂文化。

聚族而居，族必有祠

潮汕建祠堂的历史可追溯至唐代。宋元以后，潮汕"有一定官衔品位的贵族也设立祠堂，追祀先祖，潮汕出现了'望族营造屋庐，必建立家庙'（清乾隆《潮州府志》）的现象。至明中叶以后，平民也可修建祠堂，出现'聚族而居，族必有祠'的局面"[①]。

古村落潮南区仙家，目前全村有1760户，9000多人，以郑姓为主，现有宗祠9座，平均每约1000人拥有一座祠堂。

古村落澄海区隆城村最早的祠堂是张氏长房祠，建于明天启四年（1624）。此后的300余年时间里，隆城一共建起27座祠堂和5座公厅（公厅的建筑用地和建筑规模比祠堂小）。一个在当时人口还不足4000人的村落，竟然建了这么多的祠堂，由此可见潮汕人对祠堂的重视程度。

潮南区仙门城有大宗祠、四房祖、五房祖等祠堂42座。赵氏大宗祠始建于明建文年间，为赵氏三世祖赵碧川所创建，主祀仙门城赵氏一世祖赵五千、二世祖赵平田。历经600多年的繁衍生息，仙门城赵氏常住人口目前有3.2万多人，在海内外的乡亲有近10万人。这十几万人都是一脉相承。不管身在何方，他们都记住大宗祠和里面主祀的先祖。这里有一种习俗，凡大宗祠派裔孙于每年农历十二月廿四日前新婚、添男丁的，必于新年元宵节备办祭品供

---

① 叶春生、林伦伦主编：《潮汕民俗大典》，广东人民出版社2010年版，第99页。

美轮美奂的祠堂装饰（陈得意摄影）

奉，拜祖感恩。

"聚族而居，族必有祠。"潮汕人喜欢建祠堂，是根植于潮汕人血脉中的一种文化表现。

争夸壮丽，不惜赀费

经历了沧桑巨变而流传下来的潮汕祠堂流光溢彩，美轮美奂，是中国建筑史上的一朵奇葩。它们不只是一座座普通建筑物，更是集合了潮汕众多文化艺术门类的展示馆。古村落里，最美的建筑物是祠堂，保护得最好的古建筑也是祠堂。

风水布局、门窗设置、山墙厝头，乃至拜亭过白，都有严格的讲究，包含的民俗文化内涵丰富而又玄奥。其装饰艺术，糅合了大小木作、油漆、石雕、木雕、嵌

嵌瓷装饰（袁笙摄影）

石雕装饰（袁笙摄影）

古老祠堂上的装饰（袁笙摄影）

瓷、壁画、灰塑、金漆画等多项民间工艺。祠堂其实就是一个潮汕民间艺术的大观园。

在潮南区大宅村内，现存 10 座宗祠，各具特色，且都金碧辉煌、富丽堂皇、造工精美，嵌瓷、木雕、壁画等潮汕建筑艺术令人目不暇接。始建于清乾隆十年（1745）的郑氏宗祠光德堂，嵌瓷、木雕、石雕、壁画等应有尽有，甚至连狭长的横梁上都不留缝隙地填上彩绘，异彩纷呈。始建于清光绪八年（1882）的卓氏宗祠创垂堂，屋顶盖色彩通透的琉璃瓦，嵌瓷"龙虎会"精美生动、熠熠生辉。

清嘉庆《澄海县志》记载，至清代，潮汕人建祠之风更盛，出现"大宗小宗，竞建祠堂，争夸壮丽，不惜货费的景象"①。

---

① 清嘉庆版《澄海县志》卷六。

嵌瓷（袁笙摄影）

　　嵌瓷、木雕、石雕、壁画等艺术只是载体和表现形式，表现内容是中华优秀传统文化中的典故、名言、传说，或是与人民群众生活相关的吉祥物、习俗、自然现象等，艺术与文化、形式与主题有机地结合在一起。一座祠堂不只是一座建筑艺术的"博物馆"，同时也是传递正能量的"教育基地"。

　　潮汕的祠堂既受中原文化的影响，又有鲜明的地域特色。潮汕三市（指汕头市、潮州市、揭阳市）同根同源同俗，差异最小的就是祠堂建筑。无论到哪里，祠堂的布局、构造、装饰都有共通之处，让人一看就知道是潮汕人的祠堂。

珠浦黄氏二房祠（珠浦办供）

承先启后，继往开来

潮汕祠堂不只是纪念先祖的圣地，而且是宗族的文化阵地。这里有碑记，有族谱，记载着族群的历史渊源。族群从哪来？怎么来？传承过程中发生了什么事？出了多少先贤？在这里都可找到权威答案，而这些又是潮汕历史文化的组成部分。

许多祠堂在显眼位置悬挂"承先启后"的牌匾，"承先"是传承先人美德，"启后"是告诫后人要学习先贤，传承优良家风。祠堂以这种方式告诉族人先贤是什么人，他们为何值得敬仰。这是无声的教育，此时无声胜有声。

珠浦的七房祖庙，堂号为"龙章宠锡"，又称"圣旨庙"。清嘉庆十四年（1809），珠浦黄耀武升任总兵，请圣旨敕封，建成七房祠祖庙。黄耀武于嘉庆年间镇守虎门、碣石、黄岩等地，封衔总兵。时钦赐"盛世元戎"金匾一副，亦挂中厅；两廊贡牌两副，一书"武义都尉"，一书"武显将军"。200余年来，族人一直以此为荣，传颂着黄耀武的威武事迹。

许多宗祠都有族训家规等，其中有敬长老、孝父母、尊师长、崇俭朴、戒奢侈、禁赌博等伦理规范。这是族群共同的精神空间，也成了族群内道德约束的天然资源。

濠江区东湖社区的林氏祖祠"诒燕堂"珍藏着《林氏渊源》《林氏家训》两本书。《林氏家训》以传统的伦理道德为核心，以崇孝道、睦宗族、重教养、齐家政、正礼节、务读书、明德

潮南区大宅郑氏光裕堂族谱
（陈得意摄影）

性、谨言语、慎交游、处世事 10 个方面 155 条族规，教育和规范林姓子女的行为。

如今的乡村宗祠更多地扮演着"议事堂"的角色，除了慎终追远的历史传承、记忆传承之外，更带动了好家风，带出了好村风和好民风。

从喜建祠堂，到最美祠堂、祠堂文化，主线是传承，核心是文化，要传承正能量的价值观，表达族人的理想追求。潮汕人就是如此执着和淳朴。

宗族看祠堂，祠堂见宗族。祠堂是最有潮汕文化内涵的特殊标识之一。

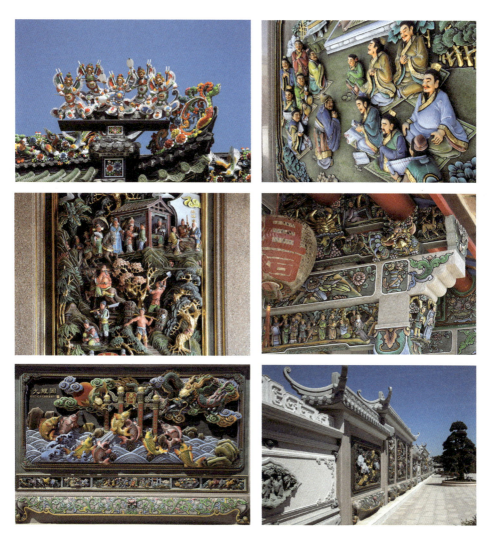

祠堂上的民间艺术（袁笙摄影）

书斋，古村落的一道文化风景

冠山书院（陈史摄影）

说起古村落，很容易让人联想到文化教育设施落后。但在对汕头古村落的调查中，我们发现一个现象：多数古村落文化底蕴深厚，不但拥有书院，而且有星罗棋布的私塾、书斋。

冠山书院是广东省现存的 4 座明代及明代以前的书院之一。它不在繁华州府所在地，而坐落在第六批广东省古村落澄海区澄华街道冠山社区。该书院由明代澄海第三任知县蔡楠捐俸银修建，作为教授邑中子弟的场所。冠山书院是澄海人好学求知的象征，是澄海人文精神的一大象征。

如果说书院是耀眼的明月，那么私塾、书斋就是闪烁

冠山书院全景
（陈史摄影）

珠浦武德第旁边的书斋
（陈史摄影）

汕头：探秘古村落

位于澄海樟林塘西村的哲谋广居书斋（陈楠摄影）

的繁星。它们密布在古村落的各个角落，与作为文化中心的书院一起，照亮古村落的文化天空，构成一道独特的风景线。

书斋，指书房，是专门用于放书、储藏书的地方，也指写书作画之所。书斋是传承潮汕文化的民间组织形式，是培育"海滨邹鲁"气质的主要阵地。书斋数量的多寡，常常被用来作为衡量当地文化素质的标准之一。因为有共识，所以书斋在乡村的历史发展中得到了充分的重视。

我在濠江区珠浦社区调查时，该社区领导介绍，明清

潮南区仙家郑邦任书斋惜兰香馆的装饰（郑伟深摄影）

时期，村里有一个不成文的规定，凡是盖大宅院者，就要兴修一所书斋。据不完全统计，明清至民国时期，珠浦有书斋30多座。这些书斋不但是主人藏书、读书的地方，多数还办成教书育人的私塾。有名可考的有顶书房、倚石书房、高轩书房（上书房）、远和书房、大夫第书房等。

中国古村落澄海程洋冈历来被认为是文化之乡，书斋文化浓郁。据林伯坚《汕头古村落丛书——程洋冈村》一书介绍，明清时期，大户人家建书斋蔚然成风。据不完全统计，清代全村有书斋34座，其中，杏园、梅园、柏庐、松园4座书斋远近知名，尤以杏园最有代表性。杏园书斋悬挂的"题襟馆"匾额，据传是清乾隆五十七年（1792）宰相刘墉题赠程洋冈蔡氏的，如今仍保存完好。

清末废科举，各地兴办私塾之风日起。清末至民国初期，程洋冈书斋私塾遍及全村。仙美、临江寨、郑厝、坑顶、许厝，全村每一聚落都有书斋、私塾。几乎每个姓氏和每个片区均配有各自的书斋、私塾。而官宦之家和富人宅第更将书斋视为基本的配置，服务对象主要为家族后代，也兼收邻近其他族群弟子。①

---

① 参见林伯坚著《汕头古村落丛书——程洋冈村》，广东人民出版社2018年版，第88～89页。

郑邦任书斋惜兰香馆一角（郑伟深摄影）

  清末，潮汕有一座闻名遐迩的书斋，叫"惜兰香馆"，就在现在的潮南区仙家村，由该村先贤郑邦任创办。郑邦任生于商贾之家，少年时天赋聪慧，勤奋学习。14岁时，乡试得中举人。清光绪九年（1883），上京殿试登进士，授翰林院庶吉士。光绪二十四年（1898），报称母病辞官回乡。回乡时，他从京沪等地购来大批图书，在家乡建了惜兰香馆。该馆藏书量大，名噪一时，郑邦任也被誉为清代藏书家、教育家。

书斋虽小，但体现了乡村的价值观，也体现了乡村的人文底蕴。书斋多，必定底蕴深，文化味浓。重视书斋建设，便是重视文化和教育。

据珠浦村的资料介绍，明清时期，珠浦有98人取得功名。其中，清康熙至道光年间，仅黄氏就有77人。因此，隆庆版《潮阳县志》有"砂多美士"的记载，夸砂浦，即今珠浦涌现众多文人雅士。

明清时期，程洋冈人才辈出，有进士3名、册封进士2名，举人、先生、秀才一批。其中，有曾任礼部儒学、南京府尹的海瑞的好友蔡时徽，有曾协助广州禁烟、与林则徐结交甚笃的蔡熙，有曾任按察司、与刘墉结交甚笃的蔡名达，还有反海禁风云人物林道乾。这里还走出了许多画家、书法家、诗人等文人雅士。

仙家村郑邦任的惜兰香馆同样有良性的后续影响。同村后辈郑尧臣在上海发迹后，建造龙溪精舍，也大量藏书。郑尧臣是民国时期的大藏书家，藏书数量可与丁日昌、饶锷相比；除了藏书外，还有刻印。现在，网上还在热卖《龙溪精舍丛书》。

北宋诗人陈尧佐一句"海滨邹鲁是潮阳"，千百年来，让潮汕人一直引以为荣。这究竟是夸大之词，还是名副其实？古村落里的书院、书斋正是最好的注脚，也是潮汕崇文重教的物证。

侨乡史关联开埠史

鳞次栉比的东湖侨宅（袁笙摄影）

汕头处处是侨乡，而濠江的葛洲与东湖这两座古村落是独具特色的侨乡。

葛洲与东湖只有一山之隔，历史上曾同属潮光乡，现在分别属达濠街道和广澳街道。葛洲现有户籍人口8300多人，有国外和中国港澳台乡亲上万人；东湖现有户籍人口6000人，有境外乡亲13000多人。境外乡亲多，并非这两村的特殊性；与汕头开埠进程密切关联，才是其特殊性。

渔民变身海员

据李宏新所著《潮汕华侨史》介绍，早在汕头开埠前，1849年至1859年，半岛东方轮船公司的小轮船曾在香港、汕头、厦门和福州之间试航。仅1857年一年，出入汕头的外商船只就达120艘之多，定期航行在香港与福州之间的英国轮船共有6艘。1864年至1911年的48年间，共有16个国家（地区）的47439艘外轮进入汕头。至20世纪30年代，进出汕头港的外国船只数量达到高峰，连续几年每年有2000多艘。当时，汕头港为国内第三大港。①

频繁进出汕头港的外国船只需要招聘大量熟悉本土情况的海员。葛洲、东湖都是毗邻汕头港的渔村，渔民中不少就是汕头附近海域的"浪里白条"，正好符合外国船只的招聘要求。另外，第二次鸦片战争之后，清政府迫于压力，与英、法、美等国签订《天津条约》《北京条约》，对华工出洋开放绿灯，让移民合法化。

在这样的背景下，许多村民离开渔船，登上境外船只当海员，开启了葛洲、东湖渔民变身海员的历史。登上香港船只的人数最多，各船务公司几乎都有葛洲、东湖口音

---

① 参见李宏新著《潮汕华侨史》，暨南大学出版社2016年版，第130~135页。

侨乡葛洲的侨宅
（陈智生摄影）

的海员，他们中有船长、轮机长、驾驶员（大副、二副、三副）、轮机员（大管、二管、三管）、电机员、水手、机工、厨师、服务生等。

有了乡亲当海员，打前站，又带动了更多村民当海员或"过番"① 东南亚，以及其他国家和地区。当然，葛洲、东湖村民"过番"的首选跳板就是香港。

据东湖人杨育宏的《东湖履痕》介绍，在中华人民共和国成立前，香港西区有卓姓乡亲和李姓乡亲开办的会馆"祥记"及"来兴"。这两个会馆一是接待往来的东湖乡亲，二是为乡亲们"觅头路"（找工作），三是收发往来家乡的侨批、信件。到港后的乡亲大部分通过这两个会馆的介绍，到外轮打工，故东湖在海外人员中，海员占的比例最大。②

海员晋级老板

葛洲人陈训庭主要运营轮船配餐。他在越南胡志明市、我国汕头市分别经营光大行、光生行。20世纪30年代，他在汕头小公园的怡安街出资建楼，经营

---

① "过番"，指潮汕人到海外谋生创业。
② 参见杨育宏著《东湖履痕》，东湖社区居委会2020年编印，第279页。

葛洲首座洋楼——训庭别筑（陈史摄影）　　葛洲华侨捐建的敬老院（陈史摄影）

"南京旅社""交菜馆"酒楼等，为海员和旅客服务。同时，他还请原来小公园的建筑工人在葛洲村建了村里的第一座中西结合的洋楼，起名为"训庭别筑"。

海员闯荡世界各地，见识广、门路多，有些人下船就发展其他行业。东湖的胆弟、顺琴仙、李广合等都由经营码头和运输业发家，后在家乡建豪宅。

村里建俱乐部

随着葛洲、东湖与香港联系的日益密切，20世纪50年代，葛洲、东湖的香港乡亲都在香港分别成立同乡联谊组织，后升级为香港葛洲同乡会和香港东湖同乡会。

两村在香港的海员很多，这些船员回家逗留的时间往往较短，有的家中只有老屋，家里也只有老人，不宜住宿。建一座供这些海员回家歇息的住所，成为迫切的需求。1959年，东湖成立海员华侨俱乐部。次年，旅外乡亲捐资在村里建起俱乐部会址，作为接待东湖旅外乡亲的固定场所。

改革开放后，葛洲籍香港船员出入频繁，这些乡亲常年在轮船上工作，远航于世界各大港口之间，回乡探亲时间较短。为联系乡谊，给回乡的海员提供休息、住宿的便利，1979年，葛洲村党政组织专门划出一块地，用来建设葛洲海员俱乐部。俱乐部建成后曾经在接待乡亲、敦睦乡谊方面发挥了重大作用。但随着高速公路、高铁、飞机等现代化交通工具的快速发展，俱乐部的功能逐渐消失，如今只剩下旧址和回忆。

由此可见，葛洲、东湖的侨乡历史与汕头开埠历史紧密相连，发展路径相似。在香港，两村都有同乡会；在村里，两村都曾有海员华侨俱乐部。一个村庄在香港有同乡会机构，应是凤毛麟角。一个村庄有海员华侨俱乐部这样的接待基地，在全国也属罕见。

2011年，葛洲被国务院侨务办公室授予全国"侨爱新村"称号；2016年，东湖被国务院侨务办公室授予全国"社区侨务工作示范区"称号。

葛洲海员俱乐部（陈史摄影）

葛洲被国务院侨务办公室授予全国"侨爱新村"称号（陈史摄影）

每座侨宅背后都有一串故事

高绳芝宗族祠堂（袁笙摄影）

汕头古村落不只有古民居、古祠堂,还有侨宅。各个时期各种形态的侨宅,如明珠般散落在古村落里,焕发出侨乡迷人的光彩。华侨的根在侨乡,侨宅是牵动华侨乡愁的纽带。每座侨宅背后都有一串故事;不寻常的侨宅,就有不寻常的故事。

"青窗内"走出商界巨擘

澄海上窖村"青窗内"有一座"下山虎"民居,从这座不起眼的民居里却走出了一代华侨实业家高满华。农家出身的高满华年轻时离开这里,坐"红头船"① 到泰国谋生。

汕头市区中山公园内的高绳芝纪念亭(袁笙摄影)

① "红头船"是潮汕地区华侨华人远渡重洋拓殖海外的远洋商船,是连通古代海上丝绸之路的重要纽带,指潮汕与东南亚航运远洋船队所用帆船。这些船因船头刷朱红色油漆而得名。

那年，他刚20岁。到泰国后，高满华从打工当苦力开始，后首创机械碾米业，从此事业蒸蒸日上，逐步成为泰华商界巨擘。

在商界事业如日中天的高满华热心公益事业。他出资出力，在广州创建"八邑会馆"，在香港创办东华医院，对贫苦民众施医赠药，对文化教育事业也慷慨解囊。

他的儿子高学能、高晖石等才干过人，善于经营，也热心公益事业，在东南亚侨界享有崇高的声誉。高晖石是泰国中华总商会的发起创办人之一，任泰国中华总商会首任会长，连任6届共12年。

高绳芝纪念亭碑记（袁笙摄影）

高满华之孙高绳芝是华侨实业家、民族工业先驱和社会活动家，为汕头开埠做出了重要的贡献。他创办汕头自来水、电灯照明、榨油、织布等企业。高绳芝等人开了潮汕华侨回国投资的先河，解决了城市所必需的水、电、交通、通信等城市基础设施问题，使汕头城市建设快速发展。

高绳芝积极支持孙中山等革命党人的工作，在丁未黄冈起义中，他负责后勤工作，出钱出力。高绳芝历任汕头总商会会长、汕头民政长、全潮民政财政总长。高绳芝病逝后，被民国政府批准追为丁未"着花红烈士"。为缅怀高绳芝支持辛亥革命和在地方公益事业上做出的功绩，民国政府还在汕头中山公园中建"绳芝亭"纪念他，由胡汉民手书亭名。

慈黉故居航拍图（陈史摄影）

慈黉故居一角
（陈史摄影）

慈黉故居与黉利家族

　　澄海区前美村的陈慈黉故居，由侨胞陈慈黉家族兴建而成。其建筑风格为中西合璧，以传统的"驷马拖车"糅合西式洋楼，点缀亭台楼阁，通廊天桥，萦回曲折，被誉为"岭南第一侨宅"。陈慈黉故居包括郎中第、寿康里、善居室和三庐书斋，始建于清宣统二年（1910），历时近半个

陈慈黉故居（陈史摄影）

世纪，占地 2.54 万平方米，共有厅房 506 间。

这座罕见的侨宅背后，是一个华侨家族的辉煌创业史。陈慈黉的父亲陈焕荣幼时家贫，经常到河溪池塘捉鱼摸螺，练就好水性，绰号"水鬼佛"。后到"红头船"上当船工，多年后又经营"红头船"，成为樟林古港有名的船主，人称"船主佛"。1851年，陈焕荣弃船上岸，与族人合资在香港创办"乾泰隆"。这是继高满华开办"元发行"之后，华人在港开办的较早商号之一。

陈慈黉长大后，接管了父业，使"乾泰隆"大步发展，成为香港进出口米业的巨商。1871年，28岁的陈慈黉离开香港到暹罗（泰国的旧称）曼谷创立了"陈黉利行"。自此，黉利家族的事业进入新阶段。经后辈陈立梅、陈守明的经营，黉利家族终成富甲一方的侨商。在高绳芝之后，簧利家族积极参与家乡建设。据《中国名村·广东前美村》一书记载，簧利家族至少用了500万银圆作为建楼资金，在汕头市永兴街、永泰街、永和街、永安街、升平路、商平路、海平路、福合埕和中山公园前一带兴建了400多座新楼房，占这时期汕头市新旧楼房总数的近十分之一。①

高轩大宅与"泰昌号"

珠浦是著名的建筑之乡，也是著名的侨乡。许多乡亲旅居东南亚和中国港澳地区艰苦打拼，事业有成后又反哺家乡，成为爱国爱乡的侨胞和港澳同胞。现在仍保存完好的高轩大宅的主人就是一例。

高轩大宅是皇清例授奉政大夫、候补军民府州同黄友薰（1812—1870）故居。据珠浦社区资料介绍，黄友薰幼年家贫，父母早丧，迫于生计，14岁时只身赴港谋生，后从事大米经营。数年之后，创办"泰昌号"米行，拓展货栈、仓储、码头服务等业务；同时，将经营范围扩至澳门、广州等地。他还收购了街道附近商号，街道易名为"泰昌街"。

黄友薰发迹后，尤其注重对子孙后代的培养，在其祖屋创办"高轩书斋"。同时，对当年取道香港至省城参加考试的潮汕学子也解囊相助，先后资助过100多名潮汕学子，其中不少人成为对国家和社会有贡献的人。

上述3处侨宅，牵连3个家族，既不同，又相似。不同是地方和家族，相似的是创业历程和家国情怀。家族的第一代都是穷苦出身，为生活所迫，离乡背井，经过艰苦奋斗才成就一番事业。事业有成之后，他们不忘祖国、不

---

① 参见罗杨总主编《中国名村·广东前美村》，知识产权出版社2012年版，第180页。

忘故土，积极回报家乡。如高绳芝为汕头的发展积极奔走，做出突出贡献。黄友薰虽人在香港，却享有例授奉政大夫、候补军民府州同的头衔。这头衔虽是荣誉职务，但没有贡献，清政府是不会给的。黄友薰在乎这个虚职，表明他在乎祖国给他的荣誉，在乎乡亲们对他的评价。

  侨宅与人物都有典型性，但更多的是体现了代表性。高、陈、黄3个家族，是千万侨胞、港澳台同胞的代表，其创业历程是众多海外游子的缩影，其家国情怀也根植在侨胞们心中。

  在我国波澜壮阔的华侨史上，潮汕华侨书写了壮丽的篇章，编织了多姿多彩的故事。

古村落留住了民俗风情

冠山"赛大猪"民俗活动(陈勇摄影)

程洋冈民俗（社区提供）

潮汕的民俗风情是中原文化、本土文化、舶来文化三者融合的结合物，无论是拜公婆①、出花园②、婚丧喜庆等民俗，还是过春节、元宵、中元节等节日习俗，或者是正月游神，拜妈祖、三山国王、月娘等民间信仰，既有共性，又有差异，可谓丰富多彩、千姿百态。

凤岗妈庙会

已获"中国古村落"称号的濠江区凤岗社区拥有一个市级非遗项目——凤岗珍珠娘娘庙会。珍珠娘娘是潮汕地区和闽南一带民间信仰的神，潮汕地区的乡村普遍建有珍珠娘娘庙。凤岗珍珠娘娘，俗称"凤岗妈"，每年正月十六晚至十七晚，来自四乡八里的香客会集到凤岗珍珠娘娘庙奉拜凤岗妈，成为濠江乃至潮汕地区的特色乡村民俗庙会。凤岗珍珠娘娘庙会民俗内容独特，保持原始风貌，享誉潮汕。

---

① 为了使孩子无病无灾，健康成长，潮汕地区一些地方流行一种拜公婆习俗。每年春节、元宵、七月初七、冬至，要4次祭拜公婆。农历七月初七是"公婆生"。

② 潮汕地区一种成人礼，寓意未成年的孩子像在花园中一样，但孩子虚岁15岁时便已成年，要将其"牵出花园"，让其有独立生活的意识。此仪式一般在农历三月、五月、七月举行。

冠山"赛大猪"

冠山创乡于宋代，位于韩江下游，隶属澄海区澄华街道，有周、卢、许、林、陈、郑、张、洪、李、程、吴、辛等几十个姓氏。冠山"赛大猪"民俗盛会，是民众崇敬神圣、共构和谐的盛会。相传，该盛会始于清朝，先前的赛会并未轮值，仅拜祀妈祖，在清朝嘉庆年间前后，由举人周江（清朝嘉庆辛酉举人）倡以12年为一周期，固定轮值"游神赛会"，每年均由轮值姓氏族亲主办"游神赛会"，以祈求风调雨顺、国泰民安、百业丰收、吉祥如意。

此风俗曾两度停办。至1982年，由周氏宗族率先恢复此风俗，后由冠山老年人协会遵古例安排此盛会，各姓氏族人踊跃策应，热诚筹办，每届活动都展出几百头猪，场面壮观，是远近闻名的民俗盛会。

冠山"赛大猪"民俗（陈勇摄影）

这样的民俗奇观，城市里没有，其他地方也罕见。2017年，冠山"赛大猪"习俗被列入汕头市、澄海区两级非物质文化遗产名录。

珠浦"拜圆年"

每年农历年底，潮汕民间都要举行一次"谢神"活动，珠浦把这一活动称为"拜圆年"，也叫"拜旺年"。这种活动明清时便已盛行，至今已有500年以上的历史。

珠浦"赛桌席"的习俗是"拜圆年"活动中的组成部分。"赛桌席"时，5个片区都精心准备酬神宴席，在吉日当晚进行比赛，比比谁家的菜式种类多、工艺好、数量多、质量好且装饰高雅。据说，"拜圆年"活动曾停办多年，直到改革开放后才恢复。

如今，"拜圆年"的文化内涵更加丰富，实际上已是一

珠浦"拜圆年"（社区提供）

古村落留住了民俗风情

种轻松愉悦的民间文化活动,通过"赛桌席"这一方式,激发村民创造美好生活的愿望和竞争意识。

此外,"拜圆年"也成了敦睦乡谊、联结乡情的活动。举行活动时,无论是自幼"过番"的老华侨,还是在全国各地发展的乡亲,都会尽量安排时间,举家回乡参加活动。有的还请外地朋友前来做客,感受潮汕传统民俗文化和风土人情。

"拜圆年"还是展示民间艺术的盛会。"拜圆年"的祭品十分丰富和讲究,很多祭品体现了潮汕特有的民间工艺,如纸制龙袍和头冠金碧辉煌、华贵大方,浮贴的龙和人物栩栩如生。与此同时,村里还举行潮剧、潮乐表演等文艺活动。

仙家"赶腰船"和"抢鸡头"

古代潮州鳄鱼成患,韩愈在潮州为官时,便有"祭鳄"之举。而在潮南仙家村,有一项民俗活动与鳄鱼有关,便是一年一度的正月十六"赶腰船"。

每年正月十六,当地人将一只纸糊的鳄鱼当作村民驱邪的圣物,在仙家古庙进行一系列祭祀仪式之后,由一群身强力壮的青年敲锣打鼓,提着纸鳄鱼穿过村里的大街小巷,到村外后将其烧掉,象征"消灾解厄"。这只纸鳄鱼就叫"腰船",整个仪式叫"赶腰船"。

与"赶腰船"同时进行的还有"抢鸡头"。由村里一位德高望重的长者将祭过神明的鸡头抛向人群,让大家争抢。认为抢到鸡头者为幸运者,预示来年有财运、生男丁。现场人头攒动,你追我赶,欢呼声此起彼伏。

如今,"赶腰船"和"抢鸡头"的民俗活动已经成为村民每年正月十六"狂欢节"必有的活动项目。不管鸡头最终"花落谁家",村民都皆大欢喜,其乐融融。消灾纳福、风调雨顺、国泰民安就是大家的共同愿望。

桥头龙舟赛会

金平区鮀江街道桥头社区每年的龙舟节都吸引了四面八方的万千游客。在锣鼓喧天、龙舟竞渡的同时，该村还举行龙舟谜会、书画笔会、潮乐演奏、象棋攻擂、潮剧演出、木偶戏演出等活动。桥头龙舟竞渡由于具有与众不同的特点，且附加的文化内容丰富多彩，具有深厚的社会性和广泛的群众性，因而成为市级非遗项目。

桥头龙舟节活动（林鹏摄影）

広东省古村落

汕头：探秘古村落

程洋冈民俗（社区提供）

十里不同风，百里不同俗。这些凝聚了地方特色、价值观念、理想追求的民俗风情，是人民群众的美好生活记忆，是民间文化的组成部分，更是一个地域的文化标识。可贵的是，这些百看不厌的民风民俗就保存在古村落里。我们如不加以珍惜和保护，或许这些场景就会远去，成为历史。

樟林塘西村游神
（陈楠摄影）

古村落孕育了特定非遗

永兴里民艺馆（陈史摄影）

非物质文化遗产，是指各种以非物质形态存在的与群众生活密切相关、世代相承的传统文化表现形式，是以人为本的活态文化遗产。它们是中华文化的瑰宝。至 2020 年年底，汕头拥有国家级非遗项目 13 项、省级非遗项目 39 项、市级非遗项目 102 项，各区县也都有相应的非遗项目。这些非遗项目的属地大半在乡村、在古村落。

胪溪壁画藏古村

创村于唐光启年间，有 1000 余年历史的胪溪社区（今属潮南区胪岗镇）拥有一个省级非遗项目——胪溪壁画。胪溪壁画是中国传统壁画艺术中的一个支派，其以独特的乡土艺术风格，在潮汕地区传统民居、寺庙、祠堂等建筑中被广泛应用。

胪溪壁画第四代传承人吴义廷幼承家学，5 岁时在父亲的启蒙下习字画画。读小学时，因为有美术老师吴育海的鼓励和辅导，加上天生好学和富有好奇心，吴义廷喜欢上壁画这门民间艺术，几十年来一直在这方面深思探索，努力前行。

胪溪壁画传承人吴义廷
（袁笙摄影）

近年来，他带领着自己的创作团队为各地的祠堂、庙宇和公共景点、民居住宅创作壁画，留下了大量的艺术精品，也让家传的壁画成为当地的一张文化名片。

一村拥有两项目

地处练江中游南岸的陇美村（潮南区峡山街道下辖村）是著名古建筑之乡。这里拥有陇美金漆画技艺和潮式古建筑营造技艺两个非遗项目，前者已是省级项目。

自明清以来，潮南从事建筑行业的人数众多，能工巧匠辈出。村内有保留完好的传统建筑祠堂，其中被列为峡山镇文物保护单位的胡氏祠堂已有600余年的历史，还有"四点金""下山虎"等众多传统格局的民居，均为当地先辈所建造。守望技艺，代代相传，因此，非遗项目应运而生。

潮汕古建筑（陈史摄影）

潮式古建筑营造技艺
传承人胡少平
（袁笙摄影）

潮式古建筑营造技艺传承人胡少平自幼随父学艺，传承潮式古建筑营造技艺，在研究和实践中积累了丰富的经验，成为潮式古建筑领域独树一帜的古建筑师。他先后获得汕头市首届"民间文化技艺大师"、第二届"广东省传统建筑名匠"、广东省第三届"民间文化技艺大师"等称号。

胡少平营造的位于潮阳区的永兴里民艺馆（陈史摄影）

汕头：探秘古村落

潮汕古建筑技艺在民居中的应用（胡少平建筑作品，袁笙摄影）

他的广东胡氏盛德古建筑文化研究有限公司被广东省文学艺术界联合会、广东省民间文艺家协会授予"广东省潮汕古建筑艺术传承基地"称号,成为全省唯一一个潮汕古建筑艺术传承基地。他设计营造的永兴里潮汕古建筑民艺馆荣获中国营建工程金奖。

儿科医馆韩江边

上窖,一座仅2700多人的村庄,却拥有澄海唯一的民间医药非遗项目——玉林斋中医儿科诊治。清乾隆年间,上窖林氏先祖创立玉林斋医馆,专攻中医内科,擅长治疗"麻、痘、惊、疳"儿科四大症及其他常见病与疑难杂症。林氏历代谨守祖训,潜心岐黄,至今已传8代。

林氏先辈根据临床经验撰写了《林氏秘授脉诀》《林氏祖传疳积妙方》《林氏祖传痘科医案与验方》《林氏祖秘传方书》等9种几十本医籍。玉林斋中医儿科第七代传人林喜钦,自幼受家族医业影响,早年跟随祖叔父林叙坤学习家族留下来的儿科医术,保存了林氏多种儿科诊治著述。这些传承至今的医籍是宝贵的民间医学著述;而发源于上窖,

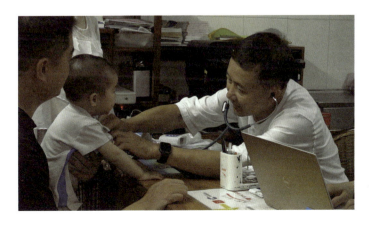

玉林斋中医儿科诊治
传承人林喜钦
(周英伟摄影)

玉林斋医籍（周英伟摄影）

已延续了200多年的玉林斋中医儿科诊治技艺也于2020年被澄海区列入区级非物质文化遗产代表性项目。

著名侨乡出名匠

前美是澄海区隆都镇的一个行政村，始创于元朝末年，是广东省古村落，也是著名侨乡。古建筑是让人们记住乡愁的重要因素，它承载着特定历史时期的文化内涵和社会历史。前美村内保留着清代永宁寨和被誉为"岭南第一侨宅"的陈慈黉故居等民居建筑。这样的古建筑群孕育了一批民间建筑艺人，乡村就有不少民间建筑师傅和建筑团队从事建筑行业的营作。

近代的陈惠钟、陈任庚父子为古建筑行家，在长期的建筑生涯中形成了一套陈氏大木制作技艺。第三代传承人陈卓荣及其族人继续传承。目前，潮汕传统大木结构建造

陈氏大木建筑技艺传承人陈卓荣（周英伟摄影）

技艺已被列入澄海区第八批区级非物质文化遗产代表性项目。

其他古村落还拥有许多非遗项目，如鮀浦云露"舞骆驼"习俗、冠山"赛大猪"习俗、凤岗妈庙会、桥头龙舟赛会等。这些非遗项目种类众多，涵盖了传统医药、传统舞蹈、传统体育、传统技艺等。

民俗学家罗杨指出："中国非物质文化遗产的精华闪烁在古村落里，中国文化的多样性散落在古村落里，中国民间文化的独特魅力汇聚在古村落里，中华文化的根脉深深扎在古村落里。"[1]

古村落诞生了非遗，继之，又以肥沃的土壤养育了非遗，以独特的方式保护和传承了非遗。从某种意义上说，古村落是特定非物质文化遗产的母体和"娘家"，有了古村落，才有了非遗。它们之间是鱼水关系，非遗因古村落而绽放光彩，古村落因有非遗项目而更有魅力、更有存在价值。

---

[1] 罗杨：《村落记忆的瑰丽画卷（代总序）》，见《中国名村·前美村》，知识产权出版社2012年版。

古村落留住了舌尖上的记忆

仙家鱼丸（袁笙摄影）

潮菜名闻天下，"美食之都"汕头到处有美食。古村落也不例外，这里不只有古朴的民居和幽深的巷道，更有传统小吃、特色美食。

澄海樟林古村落就是美食之乡。在樟林美食中，有不含猪成分却以其命名的猪朥粿、猪脚圈，远销海内外的名产猪头粽，以及猪脚的冷热两食——猪脚冻和猪脚饭。

1936年，国立中山大学社会研究所编的《樟林社会概况调查》一书统计了樟林的390间商店，其中最多的类别就是餐饮店，有94家，占比24.1%。[①]

樟林猪脚饭继承了澄海卤味的传统，店家选用筋道的脚趾肉（而非整只猪腿），在前一天下午褪毛清洗后浸入卤汁；各家的卤汁各有秘制配料，但猪脚一定要对半剖开，卤汁充分浸润；在大锅中猛火煮一个小时后，换小锅文火熬煮，直至皮胶肉烂，香味浓入骨髓，随后装入砂锅。半碗叠的造型类似碟头饭（盖浇饭），但浇在猪脚上的不是卤汁，而是豉油，因为卤汁黏腻，而豉油清香，融入米饭，更为松软，即便是快餐，也在细节处体现潮汕人的"识食"。现在，樟林猪脚饭已成为一个美食品牌，进入潮汕各地。

在珠浦，穿过狭窄的小巷，来到老爷宫前，有两家百年老店。一家是珍珠娘娘庙旁的粿面店，煮潮汕老式粿面汤。90多岁的老店主曾回忆，自己7岁时就跟着爷爷在这里煮粿面汤，现在已轮到他儿孙辈掌勺。这户人家已是5代人与小店相伴。

粿面店不远处，是珠浦黄源盛饼店。这是创于清乾隆四十五年（1780），传承至今已有200多年的老字号，出品潮汕名小吃沙浦酥糖。沙浦酥糖的主要成分是花生、白

---

① 参见陈斯楷《樟林猪脚饭"跍"着食》，载《汕头日报》2018年12月12日，第8版。

珠浦黄源盛饼店（袁笙摄影）

砂糖和少量的猪油、香葱。在制作沙浦酥糖的过程中，黄源盛饼店一直坚持古法手工制作，保留传统的风味特色。对花生果不捣碎、不碾压，保留花生坚果酥、香、脆的特点和营养价值。采用物理脆化的制作工艺，使酥糖的口感香脆又甜润，易上口且不留渣，老少咸宜。沙浦酥糖制作技艺已成为濠江区非遗项目。

俗语说，酒香不怕巷子深。东湖的乡道深处，有一家以炒饭为招牌菜的食档。食档规模不大，却常年火爆，外地游客纷至沓来。如果遇上节假日，候餐半小时甚至一小时也不奇怪。

目前，东湖已有7家以炒饭为招牌菜的食档，而且家家生意红火。继"东湖三宝"（菊花、东京薯和紫菜）之后，"东湖炒饭"成为该村的又一宝。

仙门城，这座与传说中的人物何野云紧密相连的古村落同样拥有自己的特色小吃——仙城束砂。它以花生仁和

仙城束砂

白糖为主要原料，经过手工工艺制作，做成颗粒状；经过包装，可以保存较长时间。仙城束砂糖衣厚薄均匀，洁白如银，干而且脆，落地即碎，吃起来既有花生米的香味，又有白糖的清甜，入口轻轻一嚼，即成碎片，十分清爽。

仙城束砂历史悠久。早在清同治年间，仙门城人赵嘉合就已制作束砂出售。至清光绪年间，仙城束砂闻名遐迩。当时有"仙城束砂香又甜，清爽可口惹人尝，束砂一碟茶一泡，潮汕风味胜山珍"的说法。现在，赵嘉合的后裔继承了这一传统技艺，所产束砂畅销潮汕和国内其他地方，成为仙门城的一张美食名片。

登上潮汕名小吃芳名榜的沙陇鱼丸，是仙家特产。沙陇鱼丸历史悠久，起源于清代咸丰、同治年间的沙陇渔行。当时，沙陇是潮、普、惠三县有名的商贸集市，沙陇渔行将购来的海鲜，精挑细选，分门别类，加工成各式产品，销往潮汕各地。

沙陇鱼丸（袁笙摄影）

    沙陇鱼丸的制作程序烦琐而精细，选料及配料严格，多以马鲛鱼为主要原料，经精细制作，丸肉细软柔滑无碎骨，且富有弹性、鲜美爽口，有甘醇的余味，常为席上佳肴，也是家宴的一道好菜。

    在这里的古村落，人与天地万物和谐共生，感动我们的不仅仅是食物的味道，还有环境的味道、人文的味道。游客不辞路远，也要穿街过巷，寻味而来，除了美食，更吸引他们的是古村落的特殊环境与人文。

上编小结

延续千百年的古村落是一座座文化富矿，异彩纷呈的"宝贝"亟待我们进一步挖掘和研究。潮汕文化的根脉深扎在古村落里，潮汕文化的丰富性留在古村落里，潮汕文化的独特魅力汇聚在古村落里。

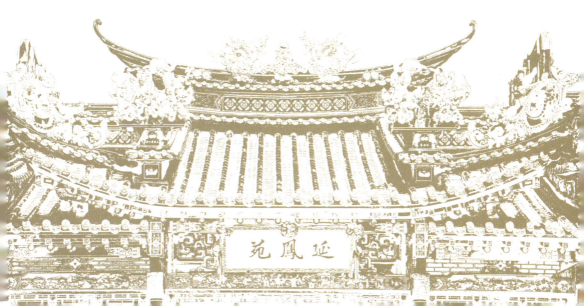

广东省古村落 汕头

潮南区仙门城赵氏大宗祠上的装饰（袁笙摄影）

下 / 编

精彩，古村落

德国哲学家莱布尼茨说过：「世上没有两片完全相同的树叶。」树叶如此，村落更是如此。你若行走在幽深的巷道，走进古朴的民居，体验村民的生活，就会发现，汕头的古村落是如此奇妙。它们各有特色，各显风采，各有丰富的文化内涵。只有走近它，仔细品味，才有收获与惊喜。

葛洲，全国侨爱新村

葛洲村落（陈史摄影）

民居群（陈史摄影）

山，钟灵毓秀，郁郁葱葱；水，碧海无垠，涛声如歌。

葛洲位于广东省汕头市濠江区达濠街道，依山傍海，地理条件得天独厚，自然景观美不胜收；自南宋建村，绵延700多年，历史悠久，人文底蕴深厚。今天，古朴典雅的民居聚落仍具规模且保存完整，石刻、遗址等古迹众多。葛洲曾为纯农地区，经济以耕种、捕捞、侨汇为主，是广东重点侨乡之一，海外乡亲有上万人。

近年来，当地党组织励精图治，百业俱兴，百姓崇文之风日盛。2011年8月，葛洲村被国务院侨务办公室授予全国"侨爱新村"称号，至今仍是粤东地区唯一获得这一殊荣的乡村；2013年，获广东省"宜居社区"和"卫生村"称号。目前，葛洲被列为汕头市建设美丽乡村的示范村、第六批广东省古村落。

一、地理位置及历史渊源

葛洲位于达濠街道东北部，处瞭望山下，面朝三江汇合而成的汕头港，距濠江区政府约4千米，分别与澳头、东湖、达埠村接壤。辖区面积11400亩①，其中，村庄面积1130亩，耕地、山地、海滩涂等10270亩。现有人口8300多人。

潮汕民居是岭南四大代表性群落集聚建筑形式之一。潮汕民居分布在葛洲村落内，大约有850座古民居，规模宏伟、特点鲜明，极富历史价值。目前尚存的古民居中最早的建于明朝年间。

葛洲地处沙洲，三面环山，一面傍海，风光秀丽，钟灵毓秀，建筑物雅致，公共交通设施便利，沈海高速公路从村前经过，县道X053线与村道天南路相接。

古民居（陈史摄影）

---

① 1亩约为667平方米。

古民居（陈史摄影）

  葛洲属亚热带海洋性气候，气候温和，经济产业主要以种养业、海上捕捞为主。主要种植水稻、甘薯、生芋、大蒜、生姜等。山地面积5000亩，主要种植相思树、松、柏、木麻黄及"朴仔"（番石榴）树、杨桃树等，其中以"葛洲朴仔"尤为驰名。

  村落始建于南宋年间，相传最早的居民为蓝、许、翁姓人家。此后，张姓从东墩（今属汕头市金平区）移居到此地，并逐步发展为人口最多的大姓。原来的居民住在东面临海的北山山麓，彼时依山傍水、耕地肥沃，村民生活丰裕，称"清江乡"。

  明洪武元年（1368）之后，该村屡遭海寇劫掠，不得已退迁内陆（即今址），因附近有沙洲，遍生葛藤，故得名。

数百年来，该村隶属历经多次演变：宋元时期属潮阳县奉恩乡，明清时期属潮阳县砂浦都（部分属招收都），民国时期至中华人民共和国成立初期属潮阳县第三区，1950年为汕头市葛洲乡，1952年属潮阳县第三区（达濠区），1954年属汕头市郊，1956年属潮阳县潮光乡，1975年属汕头郊区礐石人民公社，1984年属达濠区葛洲乡，1986年属达濠区达濠街道，2003年至今属濠江区达濠街道。

二、古民居及古建筑

（一）古民居群落

葛洲村古民居群原本分为东（宅尾、凤头）、西（西畔）两个片区，中间为田园。随着村落的发展，古民居群也慢慢集聚，形成一片完整的古民居群落，规模宏伟，极

葛洲古民居群落（陈史摄影）

倚山而居（张静薇摄影）

石鼓（陈史摄影）

具特色。民居群为传统潮汕民居样式，以姓氏宗祠为中心聚落。

"驷马拖车""四点金""下山虎"等形态的民居比比皆是，完美地体现了潮汕古民居建筑群的特点。建筑物中的嵌瓷、木雕、壁画等装饰物工艺精良，人物及花鸟虫鱼惟妙惟肖。从这些的装饰物中可窥见潮汕民居独具匠心的设计，以及与众不同的华美典雅之处。现存民居不少都在百年以上，蕴含着深厚的文化底蕴，极具历史价值。

（二）特色民居

老建筑翁厝儒林第

作为建村之初便存在的姓氏，翁氏人家所居住的翁厝族居是村内最早出现的建筑之一。目前，村内尚存最古老的建筑当属位于村落中心位置的翁厝。翁厝建于清代，建

儒林第（陈史摄影）

筑上方牌匾处绿色的"儒林第"字样清晰可见，昭示着当年厝主的身份，相传该古建筑内曾出过进士。

翁厝儒林第占地面积约400平方米，为"三座落"格局，分前、中、后三厅（称为"三进"），有2个天井、4个厅、6间房，为"四点金"的纵向增大型。在三进建筑中，后进比中进高，中进比前进高，寓意"步步高升"。

振家声、六桂旧家

振家声、六桂旧家为葛洲古厝群落典型代表。

振家声为典型潮式民居"四点金"格局，有前厅、天井、后厅，后厅、前厅两侧各有一房，形如"金"字的房间位于民居的四角。振家声为张氏古厝，建于民国二十年（1931）。

六桂旧家是翁氏祖厝，至今有200年的历史，为"三进式"的"驷马拖车"格局，在"四点金"的基础上添加"后包"和双火巷，增加房间数量，三进的大厅设置祖龛供奉祖宗灵位。古厝内木雕、石雕、壁画的细节至今仍清晰可见，其修建之时的奢华程度可见一斑。

"六桂"，相传洪、江、翁、方、龚、汪6个分姓，是翁氏衍派在福建兴化府莆田县的六十五代裔孙翁乾度的六子改姓而衍生的。

据史载，在翁乾度逝世后，宋朝皇帝曾下旨赐予风光大葬，在莆田的黄蜂山建造石墓，墓前悬挂御书"六桂坊"匾额；又在墓前建一祠堂，也悬挂皇帝御书"六桂堂"匾额。六桂堂遂闻名遐迩，据说现在遗址尚在。由翁乾度派下分姓的六桂子孙，多半繁衍于闽、粤和台湾地区，历传至今已有1000多年历史。

守望（杨祥琨摄影）

祠堂 10 座

祠堂，也称"宗祠""家庙"，是古儒家传统中祭祀祖先或先贤的场所。它记录着家族的辉煌与传统，是家族的圣殿，也是中华民族悠久历史的象征与标志。潮汕人素有怀抱祖德、饮水思源、表达孝思的传统，历来十分重视祠堂建设，祠堂既是祭祀祖先的场所，也是族人商议事务的重要场所。葛洲建有张氏宗祠、陈氏宗祠、黄氏宗祠、翁氏宗祠等 10 座祠堂。

张氏和祖祠堂（社区提供）

张氏"崇德堂"（社区提供）

张氏"追远堂"

陈氏"敬爱堂"

陈氏"尊亲堂"

西畔陈氏"德馨堂"

黄氏祖祠

翁氏"惟馨堂"（上述图片均为社区提供）

汕头：探秘古村落

祠堂上的嵌瓷（陈史摄影）

训庭别筑（陈史摄影）

首座洋楼——训庭别筑

葛洲既是古老的村落，又是著名的侨乡。很多华侨在国外发达后，不忘回报家乡，光宗耀祖。结构、布局中西合璧的训庭别筑，就是一处典型的侨宅。"训庭"为主人的名字，"别筑"有"特别的建筑"之意。训庭别筑为村内最早的洋楼，两层高，修建于民国二十二年（1933），耗时5年建成。彼时，该洋楼的主人在越南胡志明市、我国汕头市分别经营光大行、光生行，主要运营船内配餐。训庭姓陈，建此楼时还斥资3000大洋买下楼后面一块巨石，上刻"陈宅己石"四字。

训庭别筑曾进行翻新，里面凤凰、花鸟、松柏等各式造型浮雕，以及线刻等技艺巧夺天工，纹样细密华丽、栩栩如生，令人目不暇接、叹为观止。

三、特色建筑

书房顶

位于葛洲原老厝厝宅东面山坡上，曾有数间书斋式样的平房，村民称之为"书房顶"。据说，书房顶建于清末年间，是乡间绅士长者及文人们休养谈心之处。因失修倒塌，旧墙至近年还存在，后做村民建屋之用。

崇德善堂

崇德善堂建于清末，当时位于该村老爷宫（即三山国王庙）右侧，中华人民共和国成立后迁建今址。善堂前面场地宽广，风光秀丽。先前，乡间长者为举行佛事、葬礼，以及做善事等，倡建善堂，祀奉宋大峰祖师。后来，善堂为村里日常祭祀、举办善事场所，香火不断，闻名遐迩。

海员俱乐部

乡村建海员俱乐部，全国少见。葛洲村是远近闻名的侨乡，其中，早年移居香港从事海员工作的多达两三百人。这些乡亲常年在轮船上工作，远航于世界各大港口之间，回乡省亲时间较短。为联系乡谊，给回乡的海员提供休息、

海员俱乐部（陈史摄影）

住宿的便利，村委会（前称"大队管委会"）倡议建设葛洲海员俱乐部，并划出专用土地。葛洲香港同乡会积极协助，组织募款，葛洲籍海员迅速呼应，热情捐款，筹资几十万元。1979年，俱乐部大厦竣工，从此，葛洲籍海员有了一个新家。

俱乐部一度荒废。2014年，村委会发动乡贤捐资予以重修，保留俱乐部原貌。

仙师公古庙

此处又名"仙师公"，位于葛洲后厅园，环境清幽，风光绮丽，附近古榕如盖，怪石嶙峋。仙师公古庙曾为一处私人别墅，门上"紫垣阁"三字为甲江老叟张兆熺所题。民国年间，文人雅士张祥耀从外地请来进士出身的柳春风仙师到此讲法，教人积德从善，从此古庙香火大盛。古庙曾于1981年修葺，石门壁画中花鸟树木栩栩如生，门外左侧还有鲤鱼石刻，华丽精美，惟妙惟肖。

古庙（陈史摄影）

四、自然景观

（一）石刻

"侯来任"及摩崖石刻

"侯来任"地处乡关，两块巨石如两扇门耸立两端，中间为石板小路，是村里难得的人文胜地。

此处为葛洲古时乡门。南宋创乡时，该道路为葛洲通往外界的一条通道。这里南倚山，北为水池田园，上有天然美石，树木茂密、绿草如茵、鸟语花香。

近来，村里对"侯来任"进行修缮美化，保留石板路原貌，增设亭台等小景，在周围"见缝插绿"，使之成为观光胜地。

葛洲景点（陈史摄影）

石刻（陈史摄影）

"侯来任"及摩崖石刻（陈史摄影）

　　这里有多处摩崖石刻，总面积近200平方米，为清代至民国期间所刻。民国六年（1917）秋，乡绅长者聘请张兆熺书写"乡关"二字，并阴刻在石壁上。"乡"字石刻高2米，宽1.65米，上款刻"民国丁巳秋，余应族人祥耀夔宾修缮"，下款刻"见其两道石如门乡关二字贻之"字；

"关"字石刻高 1.75 米，宽 1.55 米，上款刻"志不忘也"，下款刻"甲子紫垣"字。

其上方东北向有"天南锁钥"正书阴刻四字，侧面西北向有阴刻"以奠宗潢安如此石，磷磷一卷蔚为金碧"，入口处东北向有"龙蟠虎踞"清代正书摩崖石刻。以上石刻为清末举人张氏兄弟兆熺、兆焜所题刻。

龙船石

龙船石地处葛洲后厅园，是小丘陵稍微高突之处的天然奇石，因形似龙舟赛的龙船，故名。龙船石有雌有雄，"雄石"稍薄稍尖，"雌石"身腰较肥。"雄石"上刻"和平里"三字，为民国年间一位长者在潮阳和平复制文天祥手笔，移至此处刻下，赞颂葛洲百姓和谐相处，为人处世讲理有德。

古车罾石

古车罾石位于葛洲宅尾"朴仔埕"（现在宅尾新市场）的一块斜平大石。古时该处北面稍低临海，南面稍高依山，村民常在此处打鱼，大石也用于安车罾绞头（捕鱼工具）。后来，水土变迁，海水退却，沧海变平原，此处大石却一直屹立，代代保存，命名为"古车罾石"。由于葛洲自古种植朴仔（番石榴），人们将每天清晨摘来的朴仔贩卖于此，销往外地，古车罾石周围的埕地因此又称"朴仔埕。"

（二）特色景点

亚洲宫

亚洲宫位于葛洲北面临海地带，与汕头北岸隔海相望，是北面凸起的一座小山。山上瘦石耸立，古树参天，是鸟鹭喜欢栖息之地。山后还有一座天后圣母神庙，因此得名"鸦洲宫"，今雅称为"亚洲宫"。亚洲宫环境清幽、风光旖旎，眺望远处，四面美景尽收眼底。神庙两侧各有一块天生奇石，一块像猫，一块像鼠，相映成趣，形成奇观。

石板路

石板路为民国时期乡绅张祥耀倡议并出资铺建的道路，由山石、闲置石碑铺设而成，全长约 800 米，彼时是古村落的一条主要通道，商铺都集中在此路两旁，是盛极一时的商业街。后来，随着村落的发展，县道、水泥路等延伸入村，该石板路作为纪念被保留下来，如今仍蜿蜒掩藏于古民居群落中。漫步在狭窄的石板路上，曲径通幽、蜿蜒曲折，两旁古朴的民居群落似乎在诉说着它曾经的辉煌和厚重的历史。

祠堂前

祠堂前为该村老祠堂（张氏祠堂"追光堂"）前面的埕地，前有肚帕池，可远观笔架山。以前这里曾为早晚集市所在地，每日人流络绎不绝，各类货品琳琅满目，是村内最为热闹的地带。随着历史的变迁和经济的发展，该村另选址建市场，此处遂演变为文化古迹之一，游神赛会必到此处。

大池塘

大池塘位于祠堂前，面积约 18 亩，为村中最大的池塘。池塘中右侧有巨石，称"石如墨"，前方是笔架山，附近古路如平放之笔，"文房四宝"占三样，宛如以鬼斧神工之笔触画就葛洲天然画卷。此处山清水秀，鱼鸟成群，逢端午节，大池必为赛龙舟之地。

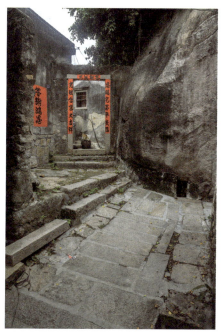

石板路（陈史摄影）

五、民俗活动

（一）妈祖诞日

　　妈祖，又称"天上圣母""天后""天后娘娘""天妃""天妃娘娘""湄洲娘妈"等，是中国沿海民众信仰的海神。葛洲地处南海之滨，渔业发达，又有众多乡亲从事海员职业，这就奠定了葛洲信奉海神的基础。每年农历三月廿三妈祖诞日便是村里的特殊日子。葛洲当地经常组织数百人的表演队伍，进行仪仗、英歌、锣鼓巡演，热闹非凡。葛洲乡亲还将此民俗文化传播到海外。1891年，他们在越南胡志

巡游递祝福（陈基跃摄影）

明市修建天后宫，延续葛洲天后宫香火，传播潮汕文化，凝聚海外乡亲的力量。

（二）珍珠娘娘诞

传说，珍珠娘娘原是天上玉皇大帝的次女。有一次，她偷偷下凡观看人间风景，察看民情风俗。她发现，潮汕地区的天花、麻疹病魔横行，残害少儿生命。慈悲的她决定长驻潮汕，驱疫护幼。她返回天上，找到太白金星李老君，祈求李老君给她传授妙法，造福人类。仙女学成妙法之后，下凡到潮汕地区，以民间游医的身份出现，专治小孩的天花、麻疹，哪里有疫情就到哪里去，赠医赠药，药到病除，民众欢声四起。民众不知她姓甚名谁，只知她有一颗比珍珠还可贵的心，于是，就称她为"珍珠姑娘"。

"珍珠娘娘诞"祭祀活动形成于宋代，至今不衰。每年农历四月十六日，该村举行"珍珠娘娘诞"纪念活动，搭建戏台，请来戏班，连演多日潮剧。每逢这一天，海内外很多乡亲都不远万里，赶来参加祭祀活动，"珍珠娘娘诞"俨然成为联结乡情乡谊的一大盛事。

六、农耕活动及特产

葛洲曾是纯农地区，经济产业主要以农业、渔业为主。这里耕地面积广阔，主要种植水稻、甘薯、生芋、大蒜、生姜、马铃薯；主要渔产有草鱼、松鱼、鲫鱼、黑鱼及其他海产品等；在养殖方面，以养鸭、鹅等家禽为主。

红曲桃制作（陈基跃摄影）

晒薯粉（魏玉冰摄影）

牧归（黄和生摄影）

七、民间传说

（一）阿妈请戏

葛洲民间奉祀珍珠娘娘的传统源自古时。当时，用于祭祀的妈宫所在地还是一片汪洋，一尊娘娘塑像漂到此处，后被放在石上并建庙宇奉祀，称"石头妈"。每年农历四月十六日的祭祀典礼源于民间的一个传说。相传古时某年的这一天，一个戏班不请自来，在乡里演出潮剧，并提供了登记请戏的红纸条，乡民们面面相觑，不知是何人所为，互相询问后意识到潮剧队伍为阿妈（珍珠娘娘）亲自请来。那年正逢大旱，演戏后风调雨顺、五谷丰登。此后，每年四月十六日祭祀演戏的习俗一直延续至今，成为葛洲的传统。

（二）七鹤归洞

相传清末，一外地陈姓人家请来风水先生择地设坟穴，该风水先生为牟暴利，蛊惑人心，称有7只鹤要来归洞。为避免7只鹤归洞时受西畔人家煮饭时烟囱之烟的影响，遂要求坟主通知西畔乡民三餐不备饮食，而至坟主家就餐。西畔乡民信以为真，人人应允。谁知西畔土地公化作老者道明真相，戳破风水先生的阴谋诡计，并引导村民备废草燃烧，惊走鹤鸟。该地因此得名"七鹤归洞"。

八、人物

（一）主要姓氏

葛洲世居村民为汉族，属潮汕民系，通用潮汕方言，主要姓氏有张、陈、黄、翁、曾、朱、邱、纪、洪、杜、徐、李等 26 个。人口第一大姓为张，约元天历二年（1329）从福建漳州迁移至广东汕头鸥汀、东墩，约元至正八年（1348）从汕头东墩迁入。第二大姓为陈，约明成化八年（1472）从河南颍川迁移至广东潮州，约清乾隆二十七年（1762）从葛陈村迁入。第三大姓为黄，宋代从福建莆田迁移至广东潮州，清康熙年间从潮州迁入。

（二）族谱

与该村相关的族谱有张文越等人于 2007 年纂修的《汕头张氏怀远堂族谱》、陈宗羡等人于 2013 年纂修的《颍川葛园陈氏族谱》，另有张木昌等人于 2010 年纂修的《葛洲乡土名胜集》。

（三）历史名人

张兆熺

张兆熺（1851—1932）[1]，字紫垣，号士真，原籍甲江，人称"甲江老叟"，清举人，寓达濠葛洲乡，筑书室于葛山岭下，因葛乡环山，故称书屋为"环山半庐"。葛洲遗留了他不少的笔迹，葛乡大道两旁巨石石刻"乡关"两个大字、石门岩石"天南锁钥"4 个大字均为其手笔。

（四）杰出乡贤

张祥耀（越南侨商）

张祥耀（1880—1946），乡人称其为"祥耀爷"，幼年

---

[1] 参见《海陆丰历史文化丛书》编纂委员会编著《海陆丰历史文化丛书（卷十）·旅游》，广东人民出版社 2013 年版，第 101 页。

随父赴越南西贡（今胡志明市）求学，学成后于西贡创办张成顺商行，经营船舶运输，不久代办法国邮船业务，奠定了商务发展的基础。

张祥耀为人正直，交际甚广，乐于襄助侨商，在侨商中威望高，被推举为五邦公会会长，并获赠"成功继志"牌匾。1927年回乡后，他创办了福利事业机构。日本侵华时期，人民缺医少药，他创办明德善社，聘请名医为葛洲、澳头、东湖村民看病并赠送药品。1943年潮汕大饥荒时，他慷慨解囊，租船从外地购买粮食赈济灾民，每天早晚煮粥救济困苦群众。乡民称赞他此举为"救命及时雨"。

张恭良（香港乡亲）

张恭良（1906—1995）生于达濠葛洲管理区，童年在家乡读书，青年时赴港求学并获香港大学医学学士学位，长期担任香港政府医官之职。后退职从医，事业卓有成就，成为香港著名医生。

张先生一贯爱国爱乡，早在抗日战争时期就率领医疗队赴前线参加抗日救亡运动。改革开放后，他经常回乡居住，并把一生的积蓄奉献给家乡，捐资兴办葛洲学校、达濠中心幼儿医院第二期工程，带头捐资并与其他旅居海外乡亲合力建成达濠华侨中学和达濠华侨医院。1991年，他被授予"汕头市荣誉市民"称号。

张恭荣（香港乡亲）

张恭荣（1926—2005），曾为香港电讯数码集团荣誉主席、汕头市和东莞市荣誉市民、汕头海外联谊会永远荣誉会长、濠江区政协名誉主席、"'爱心中国'首届中华百名慈善人物"。他幼年在港读书，后由长兄张恭良医生送往上海求学，1942年弃学从军抗日直至胜利，后返港学习电子技术并于1948年毕业。他当过海员，后来协助兄长经营西药房。1970年，他在澳门创立电讯（澳门）有限公司。

从1982年起，他先后捐资6000多万元兴建家乡学校、幼儿园、敬老院、医院，还设立福利基金，扶贫济困，资助家乡老人和困难户，为家乡现代化建设做出巨大贡献。同时，他还赞助省内外一些地方办福利事业等。

张敬石、张敬川兄弟（张恭荣儿子）

张敬石，张恭荣先生的长子，香港流动通信业的知名人士，现任电讯数码集团主席。年轻时，张敬石留学澳大利亚墨尔本大学，取得工商管理硕士学位后返港，协助父亲管理电讯数码集团的业务。集团旗下业务多元化，服务地区跨越内地和香港地区，其中有恭荣企业有限公司经营国内业务。时至今日，集团在张敬石先生的带领下业绩彪炳，为今日香港业界翘楚。

张敬石先生还担任电讯首科控股有限公司主席、电讯证券有限公司董事、新世界传动网有限公司董事、恭荣企业有限公司董事、荣利集团董事、香港通讯业联谊会MVNO Group总裁、香港无线传呼协会主席。此外，张先生亦是广东省第八、第九、第十届政协委员，汕头市荣誉市民，中华海外联谊会理事。

乡村文艺队（陈基跃摄影）

张敬川，张恭荣先生的第三子。1984 年大学毕业后，张敬川返回香港加盟电讯数码集团，协助父兄管理集团在香港的业务和国内的发展项目。他还担任电讯首科控股有限公司董事、新世界传动网有限公司董事、电讯证券有限公司董事、恭荣企业有限公司董事等，是汕头市荣誉市民、汕头市政协常委。

张恭荣先生生前一直致力于家乡建设，多年来在家乡汕头葛洲乡修庙造路、建造慈善老人院、中小学校、医院等，又在家乡设立恭荣电子厂，为乡间青年创造就业机会。张恭荣先生逝世后，张敬石先生继承父亲遗志，继续为家乡慈善事业做出贡献；张敬川先生则负责管理家乡的慈善机构，延续张恭荣先生对葛洲乡的桑梓之情。

张美兰（越南乡亲）

张美兰，越南著名企业家，出生于越南胡志明市，祖籍葛洲。

其先祖张盛著出生于葛洲，清道光年间离开家乡，赴越南西贡（今胡志明市）谋生，后创"和顺发"商号，从事水路运输、劳务和造船等业务。"和顺发"商号历经 4 代人传承，但因战乱、自然灾害、经济萧条等原因，1937 年被迫停业。

1973 年，张美兰的父亲去世，年仅 17 岁的她迫于家庭困境，过着半工半读的生活。1975 年，越南南方解放，张美兰在胡志明市最大的室内市场——滨城市场开起了"玉顺"大商店，经营化妆品、布料等日用品，生意一路红火，批发生意遍及越南各省市，产品外销至邻国，如柬埔寨、老挝等。1988 年，她成立了旅游物资设备中心，专营高档设备与相关物资。1991 年，她成立了万盛发私营公司，从事电子产品、汽车等贸易。1992 年，拓展为万盛发责任有限公司，专营房地产、租赁、商场、酒店与旅游业等。

1992年，张美兰结识了港商朱立基先生，两人从相识、相知、相惜到相爱，于1993年喜结连理。

如今，朱立基、张美兰夫妇旗下有万盛发集团、五星级温莎酒店、银亭海景海鲜酒家、德堡酒吧、天府香四川菜馆、美食咖啡店等企业。在企业不断发展壮大的同时，张美兰不忘为越南当地的经济、社会、公益文化和教育事业等方面的发展做贡献，也为中越两国友好关系和两国人民的友谊做出了积极的努力。

2011年，朱立基和张美兰夫妇分别获越南三等劳动勋章。当时，香港籍的朱立基是胡志明市第二位获此殊荣的外籍人士，朱立基与张美兰女士是越南首对同获劳动勋章的夫妻。①

（作者：姚望新、魏青）

---

① 张美兰资料综合整理自陈伟家著《广东省古村落 葛洲》，中山大学出版社2020年版，第113~118页。

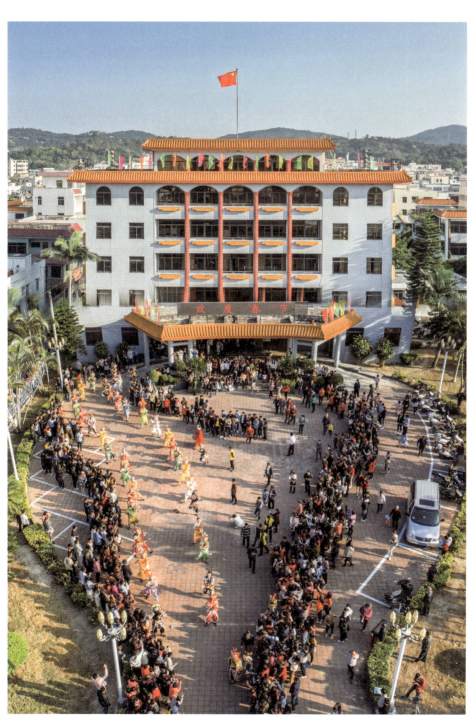

热闹葛洲（杨伊园摄影）

大宅，全国文明村

大宅

大宅古民居

潮汕平原，练江下游，有一座别致的村落，它的名字叫"大宅"，隶属于汕头市潮南区峡山街道。这里有古寨、碧水、荷塘，更有深厚的人文底蕴和美妙动人的传说。

大宅建村始自南宋宝祐元年（1253），生生不息，绵延700多年，现有郑、卓、李、蔡、马、郭、黄、高、倪等姓氏，人口6500多人，有传统潮汕民居865座、宗祠10座。传统经营以种植水稻为主，兼种甘薯、蔬菜、生柑等农作物。现在经营以工业为主，工厂、企业多为电脑绣花厂、服装厂，还有部分村民从事快递、餐饮、电子商务等服务业工作。

古寨是大宅村落之魂，100多座建于明清时期的潮式民居保留至今，基本完整。寨内充满典雅的民居、老庙、祠堂、古木等具有潮汕特色的生活元素。

大宅村

　　长 2500 多米、水域面积 12.5 万平方米的大溪湖，环绕着古寨，呵护着古寨和生活在这里的村民。湖面如镜，老寨就像一朵出水莲花，在大溪湖惊艳绽放。古寨与湖泊相映成趣，诗意盎然。

　　与古寨相邻，又是一片传统民居和一处处呈现美丽乡村建设成果的景观，曲径通幽，花香鸟语；荷塘则铺开"接天莲叶无穷碧，映日荷花别样红"的美丽画卷。

近年来，在各级部门的关心指导下，社区领导班子以"不待扬鞭自奋蹄"之态，团结带领大宅村海内外乡亲同心同德、艰苦奋斗，坚持做到"党建强村、服务兴村、生态美村、文化活村"，强力推进文明村创建，村各项建设均取得跨越式发展，快速实现了从后进村向先进村的华丽蜕变。

大宅社区先后获评广东省卫生村，省、市、区文明村，市、区"百村示范、千村整治"工作示范点，汕头市"党建型名村"；是汕头市20个文明社区对标先行点之一、第六批广东省古村落、汕头市十大网红乡村、汕头市十佳宜居特色乡村；荣获潮南区乡村振兴竞赛行动一等奖。2020年11月，大宅社区喜获第六届全国文明村称号。

一、地理位置及历史渊源

大宅位于练江下游冲积平原中部，地处峡山街道南面，面积165.4万平方米，相邻自然村有泗联、上家、英光、下东浦、李围。古有大宅、宅大、河内、河外、庵前、庵后、沟东、沟西、外围、内围、寨内、寨外、上家、下家、薄前、薄后、李厝围、鱼踏寨18个自然村，有10个姓氏共居其间，故取名"大宅村"，曾用名"官宅村"。

大宅主要建筑为潮汕古民居，最古老的建筑聚落区称"老寨"。老寨四面环水，风光旖旎，环境清幽，犹如隐于闹市的世外桃源，主要河流为中港河，位于村北部。

大宅始建于南宋宝祐元年（1253），因郑氏平湖系先祖松峰公从潮阳丰欢乡平湖迁此定居，此后诸姓先祖先后迁此定居而形成。明清至民国初期，属潮阳县黄陇都；民国初期至1955年，属潮阳县第五区；1956年，属潮阳县东浦乡；1958年，属潮阳县灯塔人民公社；1959年，属潮阳县峡山人民公社；1983年，属潮阳县峡山区；1986年，属潮阳县峡山镇；1993年，属潮阳市峡山镇；2003年1月，属汕头市潮南区峡山镇；2003年12月起，属汕头市潮南区峡山街道。

二、古民居及古建筑

（一）老寨：六横四纵，整齐划一

造型统一的古朴民居、巧夺天工的姓氏祠堂、香火鼎盛的庙宇……大宅村的老寨区域，100多座自明清时期保留至今的潮式民居典雅清秀，似乎在诉说着古寨悠久的人文故事。

老寨的寨门是河清门，寨门上"河清门"3个大字遒劲有力，门框由石柱构成，门前的踏步石光洁发亮，被行人踩成凹形。

历史印记，岁月留痕。

大宅古民居

穿过河清门，经过伯公庙，一片完整雅致的古民居群落映入眼帘。老寨有六横四纵的布局、整齐划一的巷道，其中的古民居均为潮汕特色民居，石灰混凝土墙面粗犷朴实、牢固坚硬，经过长时间的日晒雨淋，依然稳固如新，是当初建造者的智慧结晶。

古建筑样式以"五间过""四点金""官厅厝""竹竿厝"等为主，掩藏在质朴外表下的木雕、壁画、石雕等细节，蕴含着内敛庄重的人文精神。

漫步在小巷中，古厝质朴清雅，巷道曲径通幽，像是缓缓打开的历史卷轴。

大宅古巷道

（二）寨外民居："下山虎""四点金"成片成群

在四面环水的老寨外，分布着600多座潮汕民居，其中不乏清代遗留至今的古厝，也有一些民居建于20世纪，依然沿用传统的"下山虎""四点金"等形式，延续着源远流长的潮汕建筑文化。

进入传统民居内部，庭院结构的房屋冬暖夏凉，大厅内基本以中式风格为主，方形茶几，几只木沙发，家家户户都摆上茶盘，茶香飘散在房屋内的每一个角落。邻里乡亲互相串门，老人围坐在一起下棋、谈笑，小孩在巷道间奔跑嬉戏。每到饭点，炊烟缓缓升起。传统村落生活缓慢而舒适，淳朴的乡风令人动容。

（三）宗祠

祠堂为族人祭祀、供奉先人牌位、举办重大仪式、商议族内事务的场所。潮汕人素来重视宗族，对祠堂文化尤为重视。在大宅村内，现存10座宗祠，它们金碧辉煌、富丽堂皇，又各具特色。

郑氏"光德堂"

郑氏"光德堂"始建于清乾隆十年（1745），1950年乡政征用，用于处理乡务多年，后归私人管理，重修于1995年，用于供奉先祖，举行大典。据族史记载，郑氏发源于河南荥阳，福建莆田肇基，广东汕头平湖定居，历史上曾出过进士，家风儒雅。

郑氏宗祠"光德堂"

郑氏"光裕堂"

郑氏"光裕堂"始建于清康熙五十四年（1715），重修于2015年，占地面积403平方米。屋顶盖琉璃瓦，镶嵌瓷画，木雕装潢，壁画主要为人物和花鸟，有石雕石柱等。郑氏"光裕堂"现在仍作为宗祠使用。

郑氏宗祠"光裕堂"

卓氏祠堂"创垂堂"

卓氏"创垂堂"

卓氏"创垂堂"始建于清光绪八年（1882），占地面积467平方米，现在仍作为宗祠使用。屋顶盖色彩通透的琉璃瓦，嵌瓷"龙虎会"精美生动、熠熠生辉。进入内部，仿佛置身于色彩的海洋之中，左看壁画，右看彩绘、石雕，抬头是木雕、嵌瓷，相间相生、趣味盎然，令人流连忘返。

卓氏"敦睦堂"

卓氏"敦睦堂"始建于清康熙十五年（1676），为村内最早修建的祠堂，重修于2006年，占地面积1220平方米，现作为宗祠使用。屋顶盖琉璃瓦，嵌瓷、木雕、壁画上的花鸟、人物栩栩如生。祠堂内放置有两块石碑，记载着村民力争权益的故事，警示后人遵循法制。

卓氏祠堂"墩睦堂"

蔡氏祖祠

蔡氏祖祠始建于民国四年（1915），重修于1991年，占地面积403平方米，有"四点金"厝两座、两进祠堂一座。如德堂为蔡氏十六世祖为追念祖德、传承文明择地建造，现仍作为宗祠使用。

蔡氏祖祠

（四）古建筑

伯公庙

伯公庙为大宅村的祭拜场所之一，主要祭拜伯公（土地神），有祈福、保平安、保收成之意。该庙主体为红色砖体，上方"河清门"3个金色大字镶嵌在棕色底板上，门内摆放祭拜用的摆桌及跪垫，桌上供有香炉。值得一提的是，河清门位于老寨入寨处，将此设为伯公庙，可见乡村祭祀文化之浓厚。虽经过多次修缮，庙内地面却一直保持原始的砂土地面。除了河清门，老寨内东西南北各有一座伯公庙，方便村民就近祭拜。

三山国王庙

大宅三山国王庙始建于清乾隆六十年（1795），重修于

宫庙

2002年，主要供奉三山国王、王妈、珍珠娘娘等。每年农历正月初一和正月十五，村民进行祭拜，家家户户到老寨前答谢"神恩"。一年中大型祭祀活动多达3次，具体时间为农历正月初一、正月十五、腊月二十三（年底祭社日）。

黄陇庵

历史上，峡山街道隶属于黄陇都。在峡山当地流传着这样一句俗语——"先有黄陇庵，后有峡山都"，可见黄陇庵历史之悠久。每到祭拜时分，附近信众蜂拥而至，燃香祈愿，香火鼎盛。

清乾隆六十年（1795），当地信士支持高僧释秀杰大师创建，并礼请峡山周浒均题署庵额，曰"黄陇庵"。庵额至今仍保存完整。

古庙坐北朝南，清代建筑格局。主座虽累经修葺，仍保留清代古建土木灰石结构，庵中供奉

观世音菩萨、如来佛祖、达摩祖师、十八罗汉等。每年农历二月初一的"观音菩萨出游日",该庵举行庆典,信众列队拈香,祈福消灾,热闹非凡。

大宅友德善社

宋宝元二年(1039)生于闽地的大峰祖师为官数载后弃职削发,遁入空门,普度众生。宣和二年(1120),他游历至潮阳之蚝坪乡(今潮阳和平)时为灾民祈福,后定居当地。大峰祖师募资建桥、赠药医病,功德无量。后因修桥操劳过度圆寂,潮汕多地遂兴建善堂庙宇纪念祭拜,感其恩德。

清乾隆九年(1744),大宅诚心人士仰敬大峰祖师而捐资建友德善社。后来,友德善社曾被毁并建布厂,1985年重新修建。1994年,兴建大峰祖师纪念堂、大峰祖师亭、友德善社福利楼等,建筑面积2000平方米。数十年来,获乡民及港泰侨胞鼎力支持,施茶、修路、造桥、施善衣,扶贫济困,发展慈善事业。每年农历七月二十八,该地都会举行祭祀活动。

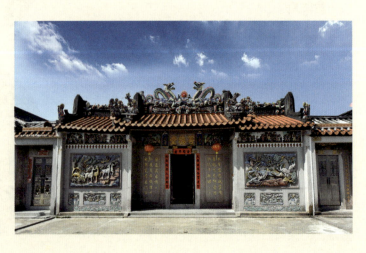

善德堂

三、特色景观

古榕树

在老寨入口处，一棵枝繁叶茂的古榕树傍水而生，茂密的树枝浓荫匝地，低垂在河面上，孩子们在树下嬉戏玩耍。古榕树自创乡之初生长至今，树龄已有六七百年，历经日晒雨淋，树根深扎地下，根系已经遍布老寨各个角落，阅尽沧桑，见证着老寨的春华秋实，成为村民最忠实的朋友。

古榕树

荷花池

荷花池位于村名村路旁，占地5亩，原本为一片荒地，社区"两委"班子决定平整荒地，并购买了荷花种子进行培植。现在，荷花池已成为附近村民、游客消暑观赏的热门景点。

荷花绽放

名家贤达书法真迹

漫步于大宅中,处处可见的名家贤达书法真迹,成为大宅具有浓郁文化底蕴的乡村特色景观。主要有:

(1)"大宅华侨学校"。这是应乡贤、时任潮阳市委书记卓圣泰先生邀请,时任全国书法家协会主席启功先生为大宅华侨学校所题校名。

(2)"广东省文明村、广东省古村落"。这是当代语言学家、博士生导师、暨南大学文学院原院长、广东省中国语言学会会长詹伯慧先生为大宅村文化标识牌所题。

(3)"桂园"。村生态园取名"桂园",为广东省原省长卢瑞华的笔迹。

大宅华侨学校

"崇德善学"

"知书"

"尚美"

（4）"兴学育才"。由乡贤、时任潮阳市委书记卓圣泰先生为学校题字。

（5）"礼堂"。由乡贤、爱国侨领、原香港潮州商会会长蔡衍涛先生题字。

（6）"知书"。由中国书法家协会理事、广东省文联原党组书记程杨先生题字。

（7）"尚美"。由广东省文联原党组副书记吕成忠先生题字。

（8）"崇德善学"。由中国书法家协会理事、广东省书法家协会主席张桂光先生题字。

（9）"大宅文化广场"。由中国书法家协会理事、广东省书法家协会原常务副主席纪光明先生题字。

为进一步夯实新校园文化底蕴、创建特色校园，2016年，村党总支书记、村委主任郑坚宏同志策划了一项文化活动，以校园文化建设为题材，向全国邀稿征集名家书画精品。仅用了3个月时间，便征集到各界贤达、国内名家精心创作的168幅书画作品，并编辑出版书画集。作品题材多样，风格迥异，竞相争辉，品位高格调雅，值得鉴赏。

四、民俗活动

（一）正月初一"营老爷"

"营老爷"是潮汕地区的一种传统民俗活动。"老爷"是指一个镇或村的守护神，名目众多，各地不完全相同。"营神"是潮汕方言词，即游神，由村里的青壮年抬着放置神像的大轿走遍村里的大路小巷，以祈求风调雨顺，全村平安。

汕头：探秘古村落

大宅民俗活动

　　大宅村的"营老爷"仪式由当年结婚的新郎充当轿夫，抬着放置7尊神像的轿子，在锣鼓队、彩旗队及族老的簇拥下来到当年添男丁的户主家中。家长穿着传统服装，抱着盛装打扮的男性幼童向神像行七跪大礼。男童面向太阳，寓意蒸蒸日上、幸福吉祥。对供品也有要求，主要为雄鸡、特色小吃束砂、烟、茶、酒等。其他村民也可到其家中一起祭拜，祈求平安顺利。

（二）元宵"赶太岁"

元宵节为大宅最热闹的日子。当天一早，家家户户便摘取古榕树枝和竹叶至家中安插，并用7种花草枝叶洗身，祈求吉祥顺利。

太岁在民间信仰中为凶神，又名"岁神""岁星"等，相传为60位天界大将轮流值守，掌握人间福祸之事。元宵"赶太岁"是大宅的传统活动。活动当天，年轻人抬着用纸糊的大鲤鱼和太岁神像在老寨内巡游一圈。队伍巡游至老寨门口，围观群众用瓦片、石头投掷。最后，太岁神像和纸糊的鲤鱼被送往溪边顺水流漂走，寓意赶走太岁、驱走霉运、祈求平安，活动便正式结束。

（三）正月十六晚"王妈巡寨"

正月十六晚"王妈巡寨"是大宅的又一特色民俗活动。巡游队伍自上家村启程，终点设在大宅。巡游队伍沿着既定路线，一路敲锣打鼓，热闹非凡。巡游持续至翌日凌晨两点左右方结束，各祭拜神站则提早准备好神桌供乡民祭拜。祭拜完毕，桌品（祭品）将根据实际情况分配至各家各户，俗称"食平安"，即食用后可祈福消灾的意思。

（四）二月初一观音民俗文化节

在大宅诸自然村范围内，自古便有农历二月初一隆重举行"观音菩萨出游"的民俗活动，由当年生男丁的父亲抬着菩萨金身，到村里各供神站点，接受众乡民祭拜，并演戏数天。这是大宅每年最热闹的节日。庆典之际，家家户户张灯结彩、列队抬香，迎接菩萨金身圣驾。菩萨金身所到之处，信众争相上香礼拜，求福消灾。

大宅龙舟赛

（五）端午赛龙舟

大宅老寨四面环水，风光旖旎，水质澄澈。面积辽阔的大溪成为赛龙舟之地。每到端午佳节，龙舟赛如约而至，由村民组成的32人龙舟队争相竞技、奋力拼搏。岸上村民围观助威，鼓声、欢呼声、口哨声此起彼伏、热闹非凡，交织成节日的欢快乐章。

五、农耕活动及经济产业

昔日，大宅村以农业为主，主要种植水稻，兼种甘薯、蔬菜、生柑等农作物。农业合作社时期，乡集体有碾米厂、织布厂、编袋厂、榨油厂等。如今耕地仅有525亩，由部分村民耕种水稻、蔬菜等。经济产业以工业为主，其中电脑绣花较成规模，约有企业40家、服装厂10多家；部分村民也从事快递、餐饮、电子商务等服务业工作。

六、民间传说

（一）"通神"古井

在黄陇庵内，有一口古井，泉水清冽，水质澄澈，水量丰沛。说起来，这口古井还承载着一个神奇的传说，因而被当地人当为"通神"古井。

该井为庵庙募建者秀节大师挖掘做饮水之用。井水甘醇，可饮用，尤其适合制豆芽。每天凌晨，制豆芽的村民便进庵取水，却不拘小节，有时水洒在地面上，而且取水后，大门敞开，影响僧人静修。

僧人日久厌烦，生起填井止扰之念。谁知此念刚起，泉水便由清澈变为浑浊。天亮时，一位自称有异术的乡民寻上门来，告诉住持菩萨托梦相报，称黄陇庵为当地"龙喉"，水井不能封口。此后，住持打消了填井之念，泉水又恢复了清澈。僧人认为这是观音菩萨警示指点迷津，因此，该井被认为是"通神"古井。

（二）石碑刻载村民维权壮举

在古寨祠堂卓氏敦睦堂内，放置着两块古石碑，分别立于清康熙三十六年（1697）和乾隆二十六年（1761），记载着不同时期的同一事件。

康熙三十年（1691）十一月，黄陇都大宅河内乡民卓继科、郑光美、林达春等20多人向潮阳县衙申诉称，原有自南山大帽而来的河流至占尾分为两股，东流下峡山都灌溉周族田地，西流一派流向大宅灌溉乡里田地。周族恃强凌弱，将水源堵塞，导致水流只流向周族所在土地。后县衙断案命其拆除堵塞，恢复分流，村民得以用水。村民担心周族事后翻案再次断流,康熙三十六年特申请刻下石碑。

60年后,峡山都周氏族人不顾之前勒石告示,再次堵塞水源,从而又引发事端。大宅村民卓启德、郑弘友、陈立辉、卓赞智等直上潮州府告状。潮州府令潮阳县令处理。经勘查,县令判决周氏族人清除堵塞建筑,恢复原状。

乾隆二十六年(1761)三月,为避免死灰复燃,潮州府特将案件刻在石碑上,禁止再有断流之举,违者将予严惩。这块石碑上的措辞较前严厉。

这两块石碑,一由潮阳县立,另一由潮州府立,至今分别已有300余年和200多年,刻字仍依稀可辨,两块石碑前后相隔60年,记载着一段沧桑辛酸的农耕历史。大宅的先辈为了生存,不怕强权,据理力争,前赴后继,上县衙、上府厅,就是要讨一个说法。

七、主要姓氏及人物

(一)人口

大宅村有户籍人口6590人,境外乡亲有近8000人。

(二)主要姓氏

大宅有10个姓氏,第一人口大姓氏为郑姓。郑姓有两个派系:平湖系和金浦系。

南宋理宗宝庆元年(1225),平湖系始祖愚翁公从福建省兴化府莆田县迁至广东潮阳县丰欢乡隆井渡头。南宋端平三年(1236),迁移到丰欢乡平湖开基创业。南宋宝祐元年(1253),松峰公从平湖迁至新兴乡金浦,而后从金浦迁至大宅(前称"官宅")。

南宋绍兴十五年(1145),金浦系始祖郑昇公从福建兴化府莆田县涵头入潮，居潮阳县新兴乡金浦。明洪武元年（1368），金浦系六世祖遂翁公从金浦迁徙卜居新兴乡大宅。

第二人口大姓氏为卓姓，元代从福建莆田迁移至广东潮阳新兴乡大宅。

第三人口大姓氏为蔡姓，明洪武元年（1368）从潮阳县新兴乡和平迁移至潮阳县奉恩乡桑田，清康熙十八年（1679）从桑田迁移至本地。

（三）乡贤名人

卓圣泰，1938年出生，历任中共潮阳县委书记、揭阳市人大常委会主任。卓圣泰一直关心支持家乡发展，2019年，被潮南区精神文明建设委员会（简称"文明委"）、区委宣传部授予"潮南好乡贤"称号。

蔡衍明，1931年12月出生，曾任惠州市政协主席。

蔡衍涛，1925年5月出生，香港潮属社团总会永久名誉主席、香港潮州商会永久名誉会长。在港从商多年，为八大公司董事长，蜚声商界。蔡衍涛爱国爱乡，积极参与慈善事业，慷慨解囊，兴建大宅华侨学校，后续增建初中部，为家乡教育事业做出贡献。2019年，被潮南区文明委、区委宣传部授予"潮南好乡贤"称号。

郑荣真，1952年2月出生，香港新发烧腊茶餐厅集团董事长。郑荣真爱国爱乡，积极参与家乡慈善事业。2019年，被潮南区文明委、区委宣传部授予"潮南好乡贤"称号。

蔡少伟，1951年12月出生，蔡衍涛之子，曾任汕头市政协委员、香港仁济医院顾问。

郑荣德，1936年5月出生，武警某总医院主任医师。

李子邦，1925年出生，志愿军干部，革命烈士，1951年在朝鲜战场上牺牲。

八、文化成果

大宅对文化建设尤为重视,积极挖掘乡土文化、弘扬传统民俗,组建了龙舟队、莲花舞队、青少年潮乐队、老年潮乐队等文体队伍。这些特色团队经常活跃在乡村舞台上。2015 年,大宅潮乐队参加由中共广东省委宣传部、广东省文化厅主办的广东省民间潮乐大赛,荣获"弦诗乐组"银奖。

大宅坚持抓契机、整资源、办活动、促提升,有效地将传统节目与现代节目、民俗表演与社会主义核心价值体系宣传有机结合起来,吸引更多群众参与,引导移风易俗,促进乡风文明。大宅以观音节、龙舟节为主的"大宅门"系列群众文化活动,被汕头市文化广电旅游体育局列为汕头市第一批公共文化服务体系 3 个示范项目之一。

大宅有颜值、有内涵,更有温度,村里志愿服务蔚然成风。大宅乡贤热心村公益事业,累计捐资 4000 多万元建设家园;村里义务为学生开展艺术指导培训,大宅村因此被区文联定为文艺创作合作社区、文艺创作实践基地;被定为汕头市安置帮教基地;被区有关部门定为青少年法治教育实践基地、社区矫正基地;被定为全国第一期创建"青少年零犯罪零受害社区(村)"试点单位。

九、保护建设

近年来,上级党政部门加大对大宅美丽乡村建设的投入,社区"两委"班子也积极发动乡贤捐资参与家乡建设。大宅先后对村容村貌进行全面提升,在治理环境的同时,加强基础设施建设,打造山青水美的宜居家园。

建于 2011 年的村文化广场,近年来继续更新改造,铺设石板材地面、设立篮球场、增设步行道、安上景观灯、

大宅村

　　添加社会主义核心价值观宣传栏，文化广场焕然一新，成为村内又一新景致，为村民的休闲娱乐提供新选择。

　　近年来，大宅村启动"百村示范、千村整治"美丽乡村建设计划，以共建共享美丽家园为主题，对村容村貌进行大整治。新建后的公厕环境有了极大提升，坑洼破旧的村道变得崭新笔直。浚深拓宽大溪，砌筑石篱，围护栏杆，栽树绿化，改建道路，升级改造公园广场，配置乡风文明宣传牌匾，安装微生物处理器，有效净化大溪的水质，村容村貌焕然一新。

环绕着老寨的大溪水是大自然赐予大宅的宝藏,自然优势得天独厚。大宅村对大溪水开展全面治理工作,疏浚清淤、设置拦污闸和生物净化设备,砌上石栏杆,让大溪逐渐恢复了往日的洁净。夏天傍晚时分,斜阳渐渐温柔,大溪旁就聚集了不少群众,女性在溪边洗衣,小孩到溪里游泳。不仅大溪水,宅前池塘在清理整治后也清澈可鉴。村里还为池塘"戴"上灯光配饰,使池塘的夜晚熠熠生辉,充满梦幻的色彩。

汕头市主要领导多次率领市、区、街道有关部门负责人到大宅调研。

2018年2月27日,泰国前总理颂猜·翁沙越、前副总理功·塔帕兰诗、前外交部部长巴蜀·猜耶讪等到大宅村参观新农村建设,对大宅的建设表示充分赞赏。

回顾过去,大宅的一路发展就是群策群力、同心同德建设文明乡村的生动实践,领导的关心、社会的支持、群众的拥戴是推进大宅乡村振兴永不干涸的力量源泉。大宅全体干部群众将借助乡村振兴的强劲东风,快马加鞭,再接再厉,争取早日把大宅建设得更加美好、更加文明,让美丽的古村落焕发出更加璀璨的光芒,让大宅人民过上更加幸福的生活。

(作者:姚望新、魏青;摄影:黄伟雄、陈得意、周英伟、马洪渠及大宅社区提供)

珠浦，著名建筑之乡

珠浦八卦村（陈史摄影）

悠悠千载，物换星移，魅力珠浦，地灵人杰。潮汕平原上，先辈筚路蓝缕，朝乾夕惕，留下了一座底蕴深厚的村落——珠浦，书写了一部跌宕起伏的创业史。清代，这里诞生了一位驰骋沙场的将军；当今，这里走出一批建筑界领军人物。

近年来，珠浦社区党委带领全村干部群众，倾情美丽乡村建设，全心打造幸福社区，保护古村落历史风貌，取得了令人瞩目的成绩。珠浦先后获得"建筑之乡""全国和谐社区建设示范社区""全国科普示范社区""广东省古村落""广东省文明社区""广东省旅游特色村""汕头市传统村落"等荣誉称号。

一、地理位置及历史渊源

珠浦隶属于汕头市濠江区礐石街道，位于濠江区西北部，前临碧水濠江，背倚翠绿香炉峰，村前为磊广大道，东侧为沈海高速达濠出入口，地理位置得天独厚。辖区面积约10平方千米，目前人口2.2万多人。古村落面积750

亩，现存古民居房屋 1200 座。

珠浦创乡始于宋元丰年间，至今有近 1000 年的历史。据《汕头市达濠区地名志》载，（珠浦）原地多砂石，濒水滨，俗称"砂浦"。聚居地在丘陵南缘的小丘上，形如伏鼎，圆如珠，取合浦明珠之意，故名。

珠浦创乡之初人口较少，仅几十户，数百人。创乡以来，先后有施、吕、曾、朱、陈、李、林、郑、黄、纪、翁、顾等姓氏村民落户。现在，主要姓氏黄氏占全村人口 70% 以上；其次为郑氏，占 18%；还有李、纪、朱、顾、林、陈等十多个姓氏聚居一起。

据说，施氏为最早创乡姓氏，居住在埔顶洋现珠浦二中校内。也有一说，本乡首居者为吕氏，地址在北社寨门边。其次是翁氏，地址在西社中巷翁厝埕虎山祠堂后。曾氏在花扉巷，顾氏在西社寨门外的顾厝池上岸，陈氏在陈厝井巷，朱氏在下河池，林氏在老爷宫的左边，纪氏在老爷宫的右边，李氏在无祀家神边，黄氏在黄氏祖祠边，郑氏在虾山祠堂和虎山祠堂的中间。

今日的珠浦村貌

明末清初，顾氏于蜈田村山边的"顾厝寮"务农，清朝安定后，回砂浦北闸。清乾隆年间，荣国公重建新顾厝于北闸。从此顾氏宗族于珠浦代代相传。

珠浦黄氏的开基始祖浦隐公生于元末顺帝至正初年间。当时，战乱不停，他自福建莆田游学至潮汕，择砂浦都珠浦乡立籍，创居乡中心基石前。有黄氏始祖祠可考。

珠浦郑氏一世祖梅机公，元末明初（约1356）定居凤岗，开基创族。至三世祖心淳公，拓展进取，于明初期由凤岗乡徙居珠浦乡西畔翁厝埕。

珠浦纪氏先祖淑直公于明天顺四年（1460）因避乱，到珠浦定居，延续至今已有28代。

珠浦李氏一世祖太和公于明孝宗弘治年间携三子从澄海外砂乡移居珠浦乡。

珠浦朱氏一世祖东松公（十一世祖）于明万历二十一年（1593），应达濠卫营之邀，于福建莆田赴达濠礐石办学，于是举家迁居珠浦乡。

其他姓氏的先民均来自福建，源溯中原。

古民居

二、古民居、古建筑

（一）古村落区域

珠浦地形独特。先人创乡之初，以八卦原理，依地形顺势建寨，暗合传统的天人合一思想。从高处俯瞰，传统民屋以村高地鼎脐石为中心，呈放射状向四周延建。从下往上行，民屋古巷大多从寨脚往上，聚拢于鼎脐石处。寨内建有寨墙、寨路等，寨外群山环抱，树木茂密。

古村落共有5个片区，近40条巷道。主要巷道如下。

古首巷

古首巷位于老村，与卓埕巷成T形相邻，最宽处近2米，狭窄处1米，长约60米。从巷口往里，巷道逐渐收窄，形同唢呐。潮汕话称唢呐为"鼓首"，"古首"估计是取其谐音，故名。

二房巷

二房巷位于老村，由寨脚东门至鼎脐石，宽约2米，长60余米。二房巷因黄氏二房祠坐落于此而得名。

古民居

古民居

四房巷

四房巷位于老村，拱北巷至鼎脐石，宽约2米，长60余米。此处为黄氏四房子孙所居地，故名。

仙德巷

仙德巷位于老村，与陈厝井巷相邻，宽不到2米，长约60米。大夫第古厝坐落于此巷。

陈厝井巷

陈厝井巷位于老村，与仙德巷相邻，宽不到2米，长约百米。儒林第、大夫第相邻坐落于此巷，为陈姓族人创乡初始聚居之地。此巷因本乡创祖时所挖的陈厝井而得名。

林厝巷

林厝巷位于老村，宽近2米，长约60米。此处为林姓族人创祖之初聚居地。

古民居

纪厝巷

纪厝巷位于老村,宽近 2 米,长约 60 米。此处为纪姓族人创祖时聚居地。

曾厝巷

曾厝巷位于老村,宽近 2 米,长约 60 米。曾姓族人创乡时曾聚居此地,后迁移他方,原因不明。该村现已无曾姓村民居住,现郑姓和黄姓族人居住在此地。

古巷顶

古巷顶位于老村南门,由巷口向上可直通鼎脐石处。巷之半腰坐落着一座三进式古屋,乡人称之为"大厝内"。大厝内是该村两座三进式古厝之一,为黄氏十三世祖茂存公在世时所建,距今约 320 年。

花扉巷

花扉巷位于老村西畔，宽 2～3 米，长 100 余米。俗话说："先有花扉厝，才有花扉巷。"花扉厝为珠浦两座三进式大厝之一。据说郑氏十三或十四世祖公建了花扉厝后，陆续有人家在该屋周围建屋居住，形成巷道。

五重门巷

五重门巷位于老村北闸，由老卓埕始，至鼎脐石，南北走向。此巷坐落着"五重门厝"，故名。

（二）特色民居

在漫长的历史中，珠浦民居样式随时代的发展而演变。明清时期，民居自高而下依地形顺势而建，民宅多以姓氏宗族为单位，建成合围式院落，有"四点金""下山虎""竹竿厝"等，其结构布局、装饰工艺都具有显著的潮汕特色。其中，最能体现古建筑风格，现保存较完好的有南门古巷、石门斗古巷、林厝巷等，都有迹可循。珠浦较有代表性且保存较好的潮汕传统民宅有大夫第、武德第、高轩大宅、尚德轩书房等。

古民居

大夫第

大夫第

大夫第为心文公于清乾隆年间所建,距今250多年。古宅共3座(两座位于仙德巷,一座位于乐和),书房4处(即玉田、仙田、润田、仙德轩),总建造面积约3560平方米。首座连同次座均位于仙德巷,两者连通。

首座分金坐西向东,大门朝东,为"四点金"格局配双火巷,土木石结构。大门为凹肚门楼,门楼为花岗岩石结构,门首横额石刻"大夫第"三字。设有一前厅两前房、一后厅两后房、一天井及南北厅二八尺。全座共17间厅、房。

次座为"下山虎"格局,设龙虎门,龙门向北,横向有3个天井,大门为凹肚门楼,门楼为花岗岩石结构,门首横额石刻"大夫第"三字,有前厅、大埕、大厅、双过道、双包。全座共15间厅、房。

武德第

　　第三座位于前两座东南方向 80 米处,坐西向东,龙门向北,出入龙门,有前厅、天井、大厅。全座共 6 间厅、房。

　　大夫第的主人心文公于清乾隆二十八年(1763)授武信郎宣武大夫御职,正四品武官衔。

武德第

　　武德第位于村中心鼎脐石附近,占地面积 1682 平方米,建筑面积 1338 平方米,主座坐北向南,大门朝东。古宅为珠浦村黄氏十七世祖武德骑尉黄奇阁的宅邸。据考,其为清道光年间人物,官至正五品武官武德骑尉。

高轩大宅

　　黄友薰,字元仁,清康熙至乾隆年间,皇清例授奉政大夫,候补军民府州同。黄友薰幼年家贫,父母早丧,迫于生计,14 岁时只身赴港谋生。发迹后,他尤其注重对子孙后代的培养,在祖屋创办"高轩书斋"。同时,对当年取道香港至省城广州参加考试的潮汕学子解囊相助,先后资助过 100 多名潮汕学子，其中不少成为对国家和社会有贡献的人才。

明隆庆版《潮阳县志》载，"砂多美士"。自古以来，珠浦崇文重教，凡盖大宅院的就要依乡规俗约建一所书房，明清时期有德轩书房、高轩书斋等私塾 30 多家。得益于兴学育才，明清时期，珠浦取得功名的有 98 人。其中，清康熙至道光期间，仅黄氏就得 77 人。

（三）祠堂

目前，珠浦共建有祠堂 15 座。其中，黄氏七房祖庙 1 座、黄氏宗祠 11 座、郑氏宗祠 3 座。

黄氏宗祠"迪光堂"

黄氏宗祠于明嘉靖年间，由七世祖次房主持兴建，后毁于明末寇乱。清康熙三十年（1691）复建，先建后座及拜亭。16 年后，由十二世祖同十四世祖题捐，建大门及两耳房，至此全部建成。光绪十四年（1888）重修，1993 年再修。祠堂占地面积 659 平方米，建筑面积 252 平方米。

黄氏宗祠"迪光堂"

黄氏宗祠"燕翼堂"
（二房祠堂）

黄氏宗祠"燕翼堂"

"燕翼堂"即二房祠堂，占地面积1020平方米，建筑面积434平方米。清光绪四年（1878），由步云秀、长庚二爷、庆云秀主持兴建。1988年，族人推荐光廷、进党、子荣主持小修。1994年，推荐进党等主持重修。2012年，推荐升培、良标新修。2014年9月举行晋主庆典。

黄氏宗祠"七房祖庙"

"七房祖庙"也是黄氏宗祠，位于鼎脐石脉右畔，寨仔园西侧，占地面积782平方米，建筑面积234平方米。清嘉庆十四年（1809），族人黄耀武升任总兵，请圣旨敕封，建成七房祠祖庙。此前，众裔孙多次筹谋建祠，但一直没有建成。宗祠堂号为"龙章宠锡"，又称"圣旨庙"。七房祖庙里有当年敕封圣旨亭及"龙章宠锡"金匾。

黄氏宗祠"七房祖庙"

黄耀武于嘉庆年间镇守虎门、碣石、黄岩等地，封衔总兵。时钦赐"盛世元戎"金匾一副，亦挂中厅；两廊贡牌两副，一书"武义都尉"，一书"武显将军"。七房祖庙有4个特点：御批圣旨亭、厝角头龙头伸展、石狮守门、影壁画蹲式麒麟。

黄氏祖祠"庆源堂"

珠浦黄氏祖祠"庆源堂"位于鼎脐石附近，始建于清嘉庆年间，2012年新建。

黄氏宗祠"庆源堂"

郑氏祖祠"追远堂"

郑氏祖祠"追远堂"

"追远堂"于明嘉靖年间建造,立匾"凤岗旧家",1994年重修。

郑氏宗祠"思源堂"

"思源堂"为七世祖第四子南湖公曾孙十一世文耀公嗣下十三世孙以其地灵秀且与祖祠同脉而择建祠宇。祠堂始建于清道光五年(1825),后重修。

郑氏宗祠"思源堂"

（四）古庙

珠浦古庙

珠浦古庙于宋代创建于本乡西南，即古称上浦厝围的三山国王庙，后移至今址，位于本乡南门寨前。民国十年（1921）重修古庙时，为方便游神活动，将村里13尊神明的金像合在一起，并将三山国王庙称为"珠浦古庙"。现在，庙内有神明塑像15尊。

珠浦古庙系木石瓦屋面，仿宋式建筑结构。庙内有栋楣画幅，彩绘图案；宫顶脊载瓷雕，腾龙拱珠，雄伟庄严。古庙历史悠久，是历代先人信仰、乡间各氏族敦睦乡谊之处。

珍珠古庙

珍珠古庙也称"老妈宫"或"妈宫"，位于珠浦东社营盘头（古称"营盘"）。据查考，珍珠古庙始建于清康熙五十三年（1714），修建于清同治十年（1871）。后经几次修复，因庙宇年久破漏，又于2014年夏扩大重建。

珍珠娘圣庙

珍珠娘圣庙也称"宫仔妈庙"，位于本村西侧。该庙规模虽小，但建筑风格系独具一格。开建时，门顶匾书石刻"珍珠娘圣庙"横匾。

福德庙

福德庙原称"西畔伯公庙"，位于西社石门顶老庵前右侧，始建于清同治十一年（1872）。

感天大帝庙

感天大帝庙也称"岭顶伯公庙"，位于往红星社区岭顶。其建于何时？村里有文字记录了两个不同的时间：一说始建于明洪武二十七年（1394）；另一说始建于清代，具体年份不明。

（五）古迹

古井

珠浦地下水资源较丰富，南面近濠江一带为咸水区，其他大部分地域浅层地下水在长期的水文地质作用下，经循环交替而被淡化，水质良好，可以饮用。在自来水进入珠浦村之前，村民都是靠掘井汲取地下水作为日常饮用水。村古井或掘于古厝围墙内，或掘于巷道内。井台大多呈方形，用条石铺成。井深浅的为3～4米，深的约5米。井水冬暖夏凉，清爽甘甜。现存的古井虽历经几百年，井水仍春夏长流、秋冬不绝。现存有宫角法井、陈厝井、曾厝井等，其余古井分别位于高轩老厝旁、北闸埕、古巷顶、鼎脐石脚、四房巷等处。

珠浦古井

巨峰寺远景

三、特色景点

珠浦人文底蕴深厚，历史上有名的"八景奇观"分别是"香炉起峰""倚石书房""八卦书端""鼎脐仙迹""龟腹甘泉""寨仔花园""狮子望月""叠石游鱼"，俗称"珠浦老八景"。随着历史的演绎、时代的变迁，相对应于珠浦老八景，珠浦新八景分别是"信游珠浦广场行""叠石古榕显奇观""鼎脐仙迹有印证""仙人戏掌护鲤鱼""回城晓日映波光""远眺香炉生紫烟""灵龟甘泉闻茗香""古刹巨峰桃花妍"。2008年，珠浦被广东省旅游局评为"广东省旅游特色村"。

（一）巨峰寺

巨峰寺位于珠浦村东侧，建于清乾隆年间，距今已有260多年的历史。巨峰寺整体坐西北向东南分三进，加两厢，总建筑面积约1000平方米。山门额题"万法朝宗"为中国佛教协会原副会长释茗山法师手书。

进入山门,左右为大峰祖师庙和玄天上帝庙,沿中轴线依次为放生池、天王殿、大雄宝殿、藏经楼、大雄宝殿,左右两侧建有钟楼、鼓楼。寺院后山又是一个景观,四周山清水秀,奇石众多,峰石叠嶂,峰回路转,竹林掩映,曲径通幽,百转千回,引人入胜,是潮汕一处游览胜地。

(二)香炉峰

香炉峰位于濠江最高峰——海拔 196 米的香炉山南麓的上人家(村名)处,为本乡背靠之大山,祖先创乡初时的地龙山脉。因香炉山巅两块巨石相叠,高数丈,色如古铜,上粗下细,状如香炉鼎立,故乡人称其为"香炉峰"。香炉峰顶景色优美,晨曦初晓,烟雾缭绕,有"香炉晓烟"之美称。据说,从汕头港出海远航,香炉山巅为海岸线上视线的最后消失点,而远航归来时,它又是最先见的海岸线上的标识,潮汕游子喻之为"乳山"。晴日里登上香炉山巅远眺,汕头南、北区一览无遗,北区高楼林立、鳞次栉比,汕头海湾平静如镜,而南区达濠则是碧水青山、濠江如练,风景秀丽。

四、民俗活动

濠江桃花节

珠浦人杰地灵,文化底蕴深厚,民俗文化活动丰富多彩。该村依托巨峰寺风景区的自然资源优势,举办每年一届的汕头濠江桃花节,至今已连续举办了 11 届。活动每年都吸引五六十万名游客前来踏青赏花,已成为珠浦重要的文化名片,也成为汕头知名旅游品牌,是汕头市影响力广、

濠江首届桃花节游客观赏桃花　　桃花节庆典掠影

办节规模大、接待游客数量多的旅游节庆活动之一，备受社会各界关注。其间还会举办"历届桃花节回眸展""'桃蹊恋影'手机摄影比赛"等系列活动。到巨峰寺风景区观赏桃花已成为春节期间市民们的一个重要的游乐项目。

五、民间传说

（一）鼎脐仙迹传说

在本乡中心有一大石，"形而伏鼎，圆而珠"，形状像倒置之鼎，故称"鼎脐石"。相传鼎脐石这地方，有灵气会于此，引来仙人。石上有一仙人的脚印遗迹，传说是"虱母仙"留下的脚印，鼎脐仙迹一景由此得名。

据乡里老人讲述，在远古时代，珠浦周边一带都是汪洋，加上濠江常年水患，乡民难以抗击水灾，生活苦难不堪。有一次乡里下大雨，又逢大江涨潮，珠浦一带方圆百里处于洪水包围之中。

游神盛会

一天，一户人家早晨从池里抓到了一只蟹、一条鲤鱼，正放在鼎中煮。洪水来时，急忙把炉子移至椅子上。不料洪水来势汹汹，瞬间椅倒鼎翻。

在那饥荒年代，鼎中之物可是救命口粮。而在生产落后的远古时期，鼎乃居民之宝贝。眼看着铁鼎与家中财物被洪水冲走，一家人呼救连声，甚是凄凉。

哭声惊动天庭，玉帝下旨命赤脚大仙下凡驰救施福。大仙一见被洪水裹挟的铁鼎，心想，百姓无鼎怎么过日子？于是急施仙法，用右脚一点，把漂流的生鼎踏住，再用右掌一扇，顷刻水退，鼎覆于地，遂变为一块如小山般的覆鼎型巨石。

原来在煮的一只蟹脚流到河浦乡蟹脚岛，蟹身停留在今本乡捷源宅地处，故捷源老宅处被称为"蟹地"。那鲤鱼则跃上沟渠，变成鲤鱼山。池中的龟也爬上东山，成了乡里的龟腹石头。而赤脚仙人下凡之时，一足踏在鼎脐石上，另一足立于村里八卦石上，两个足迹印于两石顶上。

尔后，大仙上天回旨。玉帝为免今后水灾为害，便又派一个天神监管洪水，这就是后山石人坑的石人。

此后，乡民们围绕着巨石，自上而下一代代环建房屋，再不受洪水侵害。鼎脐石一带房屋为乡里最古老的建筑，有些保存尚好，有些则已残破欲塌。

（二）"八卦书端"

珠浦村是濠江区著名的建筑之乡，它是一个美丽又充满传奇故事的地方。其中，珠浦老八景之一的"八卦书端"就有动人的传说。该景点在珠浦第一小学后面。

宋朝时，杨文广奉旨前来岭南平复南蛮之乱，来到珠浦村这个地方，看到老百姓生活十分艰苦。打听之下，得知这里有18个妖洞，各种妖怪经常出来祸害老百姓，尤其是蝴蝶洞里面的蝴蝶、飞蛾，更是经常成群结队出来偷吃老百姓种的粮食。老百姓打也打不到，赶也赶不走，叫苦连天。

杨文广得知后，十分震怒，亲自来到蝴蝶洞前，摆下一个八卦阵，一举消灭了18个妖洞的妖怪，并用一块巨大无比的石头封住蝴蝶洞。从此，老百姓过上了平安富足的日子。老百姓为了纪念杨文广将军，就把这块巨石取名为"八卦石"。这块石头一直屹立在山上，这个故事也代代相传。

六、特色产业

珠浦地理位置优越，依山傍海，历史上以农业生产为主要产业，兼顾发展林业、渔业、打石业。改革开放后，珠浦的商业、旅游业、市政建设等也取得长足的发展。

自20世纪80年代始，珠浦人创办的建安企业遍布全国各地，广东联泰集团、香港中洲集团、深圳粤华集团、汕头升达建筑公司、汕头华达建筑总公司、广东东泓集团等发展壮大成为全国知名的建安企业。珠浦被称誉为"建筑之乡"，黄振达、黄光苗、黄光升、黄振顺、黄楚生等人做出了重大的贡献。2018年1月19日，中国建筑业协会正式向汕头市濠江区颁发"中国建筑之乡"证书。珠浦人为濠江区的建筑品牌做出了重要的贡献。

珠浦依山傍江，历史上以农业生产为主，兼顾其他行业。2000年落户珠浦境内的汕头市鹏华科技有限公司为当时国内唯一一家从事沉香优良品种奇楠香种苗培育和种植、沉香树人工选香，以及沉香系列产品研究开发的综合性高科技公司。珠浦村民传统精耕细作的主要作物有水稻、番薯、马铃薯、小麦、大豆、玉米、豌豆、花生、甘蔗等。

改革开放后，海滩养殖业逐步向高层次发展，珠浦后溪养殖场养殖的对虾、膏蟹出口国外，放养了泥蚶、大蚝、红肉等贝壳类，后溪海滩得到了充分利用。

珠浦村旅游资源丰富，名胜古迹众多。境内巨峰景区是富有特色的生态型自然保护区，是濠江区"旅游兴区"的重点建设项目，也是粤东地区闻名的综合旅游胜地。

珠浦最出名的土特产品是沙浦酥糖。以花生为主原料制作的沙浦酥糖，遵循古法精巧制作，制作方法独特，口感松脆、香甜诱人、独具风味，是驰名海内外的潮汕美食。

七、名人乡贤

黄耀武

清代潮州府潮阳县砂浦都（即今汕头市濠江区珠浦社区）人。清嘉庆年间官至浙江省黄岩镇总兵（正二品）。黄岩镇隶属当时的浙江省隶宁绍台道，领临海、黄岩、天台、仙居、宁海、太平六县。

据《清代官员履历档案全编》记载，黄耀武，广东人，年58岁，由行伍授补千把总。嘉庆八年（1803）九月内授福建水师提标前营守备。十一年（1806）二月内补授金门镇标右营游击。十四年（1809）四月内补授广东海口营参将。十六年（1811）九月内补授福建闽安协副将。二十一年（1816）六月内用浙江黄岩镇总兵。

黄耀武出身行伍之中，从一名普通的军人一步一步官至把总、守备、游击将军、参将、副将（副总兵）、总兵官。黄耀武在军队中打拼多年，成就了一番大事业，成为京官，在嘉庆二十二年（1817）六月得到嘉庆帝的召见。

黄友薰

黄友薰，字元仁，皇清例授奉政大夫，候补军民府州同。其幼年家贫，父母早丧，迫于生计，14岁时只身赴港谋生，后从事大米经营。数年之后，创办"泰昌号"米行，继而业务拓展至货栈、仓储、码头等行业，同时，经营范围也向澳门、广州等地辐射，并将创业所在街道大多数商号收购，将该街道易名为"泰昌街"，以至港人以其与英人珠宝行渣甸行相提并论，故有谚云："番仔'渣甸'，唐人'泰昌'。"

黄光大（1918—1996）

黄光大，又名汪涛。1932年，从达濠河东小学毕业并考进潮安金山中学就读。1937年，在香港南华中学毕业，同年回家乡参加达濠青年救亡同志会。1938年5月，汪涛与他的新婚妻子石虹（原名陈焕秋，潮阳人，1938年5月加入中国共产党）奔赴延安参加革命，被组织安排在陕北公学学习，夫妻俩斯时皆改是名。同年10月，汪涛参加共产党，年底到延安中央组织部训练班学习。之后，服从组织安排，先后担任晋西北《战地烽火》社特派记者、主编，《晋绥日报》资料室主任、编辑通联科副科长，中共西安市委宣传部教育科科长。

中华人民共和国成立后，汪涛和石虹夫妇回广东工作。汪涛曾任华南师范学院（今华南师范大学）党委第三书记、学院副院长，广东教育学院（今广东第二师范学院）副院长、代院长、代党委书记等职务。1997年11月22日病逝于广州,享年79岁。个人诗文集有《红色中国抗战内幕》《中国历史沿革歌诀》等。

八、保护建设

近年来,珠浦社区党委以习近平新时代中国特色社会主义思想为指引,不忘初心,牢记使命,提出"党建引领要走在前列、乡村振兴要走在前列、产业集聚要走在前列、人才支撑要走在前列、管控集效要走在前列"的奋斗目标。

珠浦叠石公园

社区党委以党建引领乡村发展,积极融入乡村振兴战略,对珠浦未来10年的发展进行了全面谋划,将新农村建设升级为美丽乡村建设,聘请广州规划研究所编制《珠浦社区美丽乡村实施规划》,因地制宜,科学布局,规划了8个经济发展项目、19个民生工程项目、

濠江首届文化节之春节游神活动

珠浦文化广场夜景

12个旅游发展项目、3个村民住宅区项目等，为社区的全面建设发展提供科学指引，加快美丽乡村建设，打造生态宜居宜游珠浦，发展社区旅游业。坚持以人为本，加快提升民生质量，打造和谐幸福珠浦。

珠浦古村历史悠久，体量大，承载着珠浦的文脉、人脉，是珠浦人的精神家园。村"两委"会及时启动古村落保护修缮计划，做好古村的保护工作。目前，已启动编制古村保护修缮方案，接着将分步实施，对古村进行修缮、保护、活化。

保护古村落，厚植乡贤文化，守望乡土情结，千年珠浦将更加魅力四射，成为留住乡愁的美丽乡村。

（作者：姚望新；摄影：陈史，及珠浦办提供）

珠浦文化广场上的休闲长廊

珠浦文化广场

上窖，侨乡古驿道红渡口

上窖民居

韩江边，古驿道，老渡口。水道如玉带，池塘似碧玉，上窖这座古老村落具有别样的美丽。

上窖，原名玉窖，南依韩江，北临城区，东望南海，西眺桑浦。上窖创村历史悠久，可追溯至南宋年间，至今有700多年历史。

上窖依江而立，环境优美，民风淳朴。一条古驿道横贯东西，村民逐古驿道而居，潮汕民居鳞次栉比，黄、高、姚、林、陈、吴、郑等姓氏村民和睦共处。各姓氏宗祠、祖屋不少还保存完好，其中不乏名门望族遗留之老屋，雕梁画栋、飞檐翘角，可辨昔日之繁华；装饰于这些古建筑之上的嵌瓷、木雕、石雕、壁画等工艺精美绝伦，堪称一座座开放式的"潮汕民间艺术博物馆"，更是此处历史悠久、人杰地灵的佐证。

村内池塘众多，更有人工水渠绕村而筑，流淌的溪流给古老的村庄增添了几分灵动和生气。村头巷尾随处可见百年古榕树。这些古榕树枝繁叶茂，盘根错节，仿佛历经沧桑的长者，荫庇着生生不息的人民。

韩江边上，连接古驿道的上窖古渡曾经是沟通韩江两岸的重要通道，从这里乘船可以直达龙湖区大衙社区，至潮安庵埠镇，到达潮州城。古渡屹立数百年，至今仍然有渡船穿梭其间，续写着悠悠历史。

只争朝夕，不负韶华。在习近平新时代中国特色社会主义思想指引下，上窖社区党总支正带领全村干部群众着力建设望得见山、看得见水、记得住乡愁的美丽乡村。

一、地理位置及历史渊源

上窖社区隶属汕头市澄海区澄华街道。位于澄华街道西南部，南临韩江下游支流西溪，东接下窖、西门，西邻冠山，北近龙田，附近有冠山书院主题公园、奥飞市民广

200多年的古榕树

场等景点。

上窖傍近韩江，渡船到对岸可达大衙、渔洲、鳌头、庵埠等处。昔日这里曾是水陆交通要地。

据村里老干部林启胜介绍，明清时期，官府在上窖村内设置驿铺，即驿站，专门承办官府公文传递及信差住宿事项。全县总驿铺设于县城，北行 10 里①到上窖铺，自上窖铺北行过鳌头渡，10 里至海阳县（今潮安区）鳌头铺。南行则过上窖、大衙、梅溪渡 10 里，至海阳县庵埠铺。上窖驿铺设在该村高厝内，配有铺屋 3 间和木牌一面，住铺兵两名。清光绪年间，澄海县开办邮局后，驿铺被裁撤，结束了驿铺 200 多年的历史。

上窖村原属海阳县。明嘉靖四十二年（1563），澄海设县，属澄海县下外莆都。1921 年，属澄海县城区。1946 年，属冠华乡。中华人民共和国成立后，属澄海县上华区。1958 年，属澄海县人民公社第三大队 301 团。1959 年 1 月，属汕头市郊澄海人民公社。1961 年，属上华人民公社上窖生产大队。1984 年，属上华区上窖乡。1987 年，属上华镇上窖行政村。1994 年，属澄海市上华镇上窖管理区。1996 年，属澄华街道上窖管理区。2003 年至今，属澄海区澄华街道上窖社区。

上窖创村于南宋年间。林、高、姚 3 个姓氏先辈为最早创村居民。此后，黄、陈、吴、郑、卓、伍、蔡等姓氏相继落户。现在，主要姓氏是黄、高、姚、林、陈、吴、郑，以黄姓人口为最多。

至 2020 年年底，全村共有 560 多户，2700 多人。

---

① 1里为500米。

二、部分姓氏溯源

（一）林氏溯源

据《粤东居安公世系族谱》记载，一世居安公，仕宋，官侍御史，银青光禄大夫。宋理宗年间，因官遂举家来潮。居蓬州都冠陇。生子三：致齐、进廷、盛恺。公系本宗支入潮初世祖，墓葬于汕头鮀浦镇（今金平区鮀浦街道）莲塘村。

二世致齐公，世居上华冠山为开房祖。

二世进廷公，居安公之次子，官承德郎，夫人谥孺人宽容黄氏，生子三：朝奉、得实、良隐。

朝奉公为进廷公长子，生于元至顺元年（1330），衍华富、峰下、北陇、棉湖。良隐公衍上窖。"三世祖良隐公：配夫人妣闺观王氏，衍上窖。"①

综合上述资料，良隐是朝奉之弟，林氏在上窖开基的时间在公元1300年之后。

（二）高氏溯源

据《澄海高氏源流志》记载，清乾隆六年（1741）仲春重修家庙碑记载："始祖宋节度使泰和公辅宋南渡，赐第临安，遗祖华峰公昆仲由漳入潮，寓澄，治于华窖乡（今下窖社区），创焉，计今六百余载，人敦礼让。"

始祖世则公，字仲贻，号泰和，讳烈，生于宋元丰二年（1079），宋绍兴十四年（1144）去世，享寿65岁，历官节度使、万寿观仪、太子少保，辅宋南渡，赠太傅、赐第临安，谥号忠节。

---

① 《粤东居安公世系族谱》，2008年编印，第36～37页。

该志前言载:"澄海高氏始自宋代,已历八百余载,本宗祠碑刻记载:华峰公昆仲由漳入潮,寓澄邑华窖乡。"①

华峰公昆仲为澄海高氏二世祖,上窖高氏村民由下窖迁入,距今时间应为 800 年左右。

(三)姚氏溯源

据《姚氏族谱》中的《玉窖姚氏开祥堂祖源及分布情况》记载,姚毓英,字子阳,原籍福建晋江,宋淳祐二年(1242)任潮州统制,期满之后回故里定居。②

其子姚中孚,字伯信,宋咸淳十年(1275)赐进士,授京府尹朝奉大夫。

姚中孚离开官场后隐居上窖,开基创业。自此,姚氏子孙繁衍生息,至今已 700 多年。上窖及龙田、东门等澄海姚氏均奉姚毓英为一世祖,姚氏民居多在门匾上写"晋江旧家""府尹旧家"。十四世祖姚士袭,子姚冀之,孙姚子颖。子颖公分二房,长房居东门,二房居玉窖。

著名潮剧表演艺术家姚璇秋出生于澄城,为上窖姚氏派系二十三世裔孙。③

(四)黄氏溯源

据《上窖黄氏族谱》记载,上窖黄氏系明代从福建省莆田县石狮巷迁徙至本村定居立籍,自此苗裔繁盛,至今已传至二十五世,约 600 年。

---

① 澄海华窖祠堂理事会编:《澄海高氏源流志》,2019年印刷,第2~3页。

② 参见澄海姚氏大宗祠宗亲联谊会编《姚氏族谱》,2006年印刷,第2页。

③ 参见澄海姚氏大宗祠宗亲联谊会编《姚氏族谱》,2006年印刷,第9页。

上窑民居

始祖二英公，贡元出身。二世祖演峰公。三世祖分两支脉，大房怀隐祖，二房怀德祖。怀隐祖传至四世谨厚祖，创居沟口社。怀德祖传至四世分三支脉，大房易直祖创居石池社、堤头社及糖房内，二房易老祖创居北厝社，三房无嗣。此后各房子孙繁衍繁多。①

三、村落概貌和民居特色

村内按路道划分为6个片区，近40条巷道。古村水道如玉带环绕，从西北沟口引水而入，自北至南、自西至东，经沟尾从东北流出。

现有排沟3条，即文祠沟、沟口沟、沟尾沟。村里还有多个池塘，起蓄水池作用。现有池塘4个，即大池、龙舌池、沙池、姚厝池。

排水沟、蓄水池使上窑享有风水地理优势，虽处低洼窑地，却从未发生内涝。

水道如玉带，池塘似碧玉，"玉窑"名称或许由此而来。

上窑民居装饰

---

① 参见上窑黄氏思成堂理事会编《上窑黄氏族谱》，2017年印刷，第24页。

上窑古驿道

（一）昔日古驿道

昔日的古驿道，如今称"永兴路"。上窑姚厝，一株老榕树伫立于路口，这里是古驿道的起点。

明清时期，官府在上窑村境内设置的驿铺就在这条驿道上。沿着不足一千米的古驿道自东向西行走，只见巷陌交通，鸡犬相闻，"四点金""下山虎""驷马拖车"……一座座独具潮汕建筑特色的民居就错落分布在古驿道两旁。公巷、庵巷、卓厝巷……一条条南北走向的巷道与驿道互为照应，充满古村落的独特韵味。

这些散发着古旧味道的老屋，不少村民还生活在这里，依恋先辈传下来的老屋。沿街的住民开起店铺、集市，售卖本地特产。斑驳的墙面、蜿蜒的巷道，人来人往，依稀可辨昔日的繁华，给人以时空穿越的错觉。

古驿道的尽头，有一株生长了数百年的榕树，枝繁叶茂，浓荫蔽日，仿佛一位阅历丰富的老者，见证着这片土地的岁月沧桑。与古驿道连接的便是上窑渡口，从这里乘船横渡韩江，可以通往大衙、庵埠，直达潮州城区。

（二）高厝内"驷马拖车"

高厝祖屋是一座典型的"驷马拖车"式潮汕民居，由三落、二火巷、一后包组成。据高家族人介绍，该院落一

高厝"驷马拖车"格局　　　　　　　　　　木雕装饰

共有 99 个门，还有 4 口水井，现今保存完好，井水清澈如镜。高家祖屋大门门楣上"渤海世家"4 个大字透露着高姓家族深厚的渊源，深宅大院恢宏的建制也透露着这个家族往日的辉煌和奢华。

（三）林厝"科贡传芳"

　　林氏的"西河旧家"祖屋位于古驿道上，古巷深深，门楣匾额、壁画依然如旧。老屋虽已破落，但规模、建制清晰可辨，"科贡传芳"字样昭示其先祖曾经的辉煌和耕读传家、崇文尚学的家风。

"科贡传芳"　　　　　　　　　"西河旧家"

江夏家塾　　　　　　　　　　"江夏旧家"

姚家祖宅"四点金"格局

（四）石池"江夏旧家"

　　黄厝祖屋"江夏旧家"坐落在石池，临古驿道。门前曾经有池塘，池塘现已填没，但现存石栏杆完好，"石池"的名字或由此而来。老屋虽历经沧桑，但仍保存完好，经过后人修葺，如今重现昔日风采，门口壁画清晰可辨，屋内雕梁画栋精美如初。石池西侧也是一座潮汕传统民居，其建筑与"江夏旧家"有异曲同工之妙。

屋檐下木雕

（五）沟尾姚家祖宅

　　沟尾姚家祖宅始建于清道光年间，距今已有200年的历史，历经战火而屹立不倒。姚家祖宅四房一大厅，配套照壁、火巷、水井，还有神龛、阁楼等，是典型的"四点金"潮汕厝格局。民居主人祖上历代都是华侨。该民居先辈——上窖姚氏二十三世孙姚允辉，字子煌，少年时赴新加坡继承祖业。他的妻兄李铁民是爱国华侨领袖陈嘉庚的主要助手。受其影响，姚子煌也积极参与陈嘉庚的爱国活动。中华人民共和国成立后，李铁民回国工作，后任全国侨联副主席。姚子煌却因身体原因憾未同行。

（六）外高"四点金"民居

外高的高焕奎祖屋，是二进"四点金"传统民居，坐北朝南，西近高氏宗祠，中间隔庵巷，东与高振之故居相邻。该民居已有140多年历史，但整体结构及门窗、屋檐的装饰完好无缺。现在，祖屋后人仍珍藏着建房先辈的遗照，逢年过节仍瞻仰祭拜。

四、宗祠和庙宇

（一）宗祠

上窖现存宗祠6座，即黄氏大宗祠、高氏孟祖祠、高氏宗祠、姚氏宗祠、林氏祠堂（两座）。

黄氏大宗祠

黄氏大宗祠始建于清末，在2010年和2014年先后重修，占地面积906平方米，建筑面积588平方米，为二进式的土木建筑结构，龙船脊，硬山顶。进大门为门楼厅，两侧为门楼房。门楼横梁上悬挂着"状元黄仁勇"匾额，两侧走廊上各挂一对"天子门生"与"太子中舍"灯笼。

祠堂前为大埕，埕前有一条河沟。大埕左侧设置两个旗杆座，正门对联为"莆田衍派，玉窖旧家"。两旁有两幅

黄氏大宗祠

大型壁画，分别绘有丹顶鹤和梅花鹿图案，大门屋脊和飞檐皆饰有花卉或人物图像的嵌瓷。

该祠堂最突出之处是大门两侧墙上，用大理石镌刻着6幅石雕书法作品，系明代书画家董其昌及清代书法家钟孟鸿、王泽所书。其中，董其昌书写的是汉代班固的《封燕然山铭》，孟鸿书写的是唐代诗人杜甫的两首诗，王泽书写的是宋代文学家苏轼的两首诗。

高氏孟祖祠

高氏孟祖祠堂号"继述堂"，建于清乾隆三十年（1765），

高氏孟祖祠

高氏宗祠

占地面积520平方米。进门屋顶有一块字样为"乾隆钦赐武魁 一七六二年"的牌匾。据清嘉庆版《澄海县志》记载,乾隆二十七年(1762),武举人高中,下外人。高中为上窖内高5房子孙,武魁牌匾应是为纪念高中而设。祠内有一副楹联:"宗祖千秋长祀典,儿孙万古绍书馨。"从这副对联可以看出高氏族人的精神追求。

高氏宗祠"继德堂"

高氏宗祠"继德堂",原为"标祖祠",始建于清代光绪年间,由高就富公倡导集资建成。该祠堂占地面积约800平方米,中间正面为三门格局,两侧为火巷,规模较大,气势非凡。祠内陈列高满华、高绳芝的事迹。高满华是高绳芝的爷爷,出生于外高厝"青窗内",后"过番"创业,成为一代商界巨贾。高绳芝是创办了汕头埠水、电和通信事业的华侨实业家。

姚氏宗祠

姚氏宗祠

姚氏宗祠堂号"开祥堂",建于清康熙五十三年(1714),占地面积600平方米,由十六世祖耀颖公带领兴建,为姚氏宗亲缅怀先德、敦睦友谊的神圣殿堂。

数百年来,宗祠历经磨难,沦陷时期,曾被日军焚毁。1948年,由二十二代子孙姚任国带头卖田修建。1998年,宗亲筹资重修,并举行晋主典礼,姚氏宗祠再次焕彩。祠堂内屋顶雕梁画栋,横梁处的木雕狮子栩栩如生,进门右侧,有一块从乾隆年间完整保存至今、镶嵌在墙壁上的石碑。

该祠门口正对面有幅高3米、宽8米的照壁,用各色瓷片镶嵌成一只身形巨大、单足跪地的彩色嵌瓷麒麟,据说是宗亲达官显贵的象征。

林氏宗祠

林氏宗祠装饰

林氏宗祠

林氏宗祠堂号"永思堂",清乾隆四十年(1775)始建,至今240多年,建筑面积为400平方米。据《澄海县志》记载,清乾隆年间,林子道回乡建造"四点金"民居。风雨沧桑,朝代更迭,林氏宗祠经多次重修,再次焕发光彩,一副昭示林氏渊源的对联——"莆田衍派,九牧世家"镌刻于大门两侧。宗祠嵌瓷、木雕、金漆画,异彩纷呈,美不胜收。更为难得的是,祠堂至今还珍藏着两张洪宪年间的《补契执照》。

林氏钦祖祠建于清咸丰十年(1860),面积500平方米。

(二)庙宇

上窖现共有6座庙宇。

上窖元帅爷宫始建于清代中期,重修于清道光二年(1822)。由于修建年代久远,岁月侵蚀,圣庙经过多次修缮,新近一次重修是在2018年。上窖元帅爷宫供奉元帅

庙宇

爷、三山国王、文判爷。

位于石池的天后宫建于1828年，供奉潮汕保护神妈祖娘娘，长年香火不断。

位于和顺园的佛祖宫建于1930年。

此外，还有位于桃园的天后宫、位于堤头的伯公宫、位于姚厝的福德祠等庙宇。

五、上窖古渡口

清嘉庆《澄海县志》在《私渡》章节记载："玉窖渡距县城西南十里，达大衙洲。"现在，渡口仍存明代古碑一块。[1]

在韩江尚未通桥的年代，这里是沟通两岸的重要通道。时至今天，仍有一艘渡船穿梭于两岸之间，延续近400年的渡船历史。

---

[1] 参见澄海县县志编纂委员会办公室编《澄海县志》（清嘉庆），1986年印刷，第114页。

上窖渡

据说，上窖姚氏十四世祖姚士袭于明崇祯六年（1633）中举人，官至刑部主事。其夫人为龙湖区渔洲人，出身官宦人家。出嫁时，她的家人便把一艘能容纳二三十人的渡船作为嫁妆，以方便女儿时常回娘家，同时，向官府申请牌照。上窖私渡由此而来。

渡口故事之一

百年渡口曾是"红色通道"

上窖村的渡口已有近400年的历史，在中华人民共和国成立前曾是一条鲜为人知的"红色通道"，运送了一名又一名的地下工作者。

位于韩江下游北岸的上窖渡口是连通汕头（市区）、澄海、庵埠的交通要道。

据已是古稀老人的上窖村民黄成根、黄两壮、高永凯、吴潮坤等人介绍，在韩江尚未通桥，而陆路交通也不发达的年代，该渡口因地理位置重要，历来为兵家所看重。日军入侵，汕头沦陷时期，日军在该渡口前搭建了哨棚，一方面对过渡者收取路费，一方面检查过往行人，缉拿抗日积极分子。解放战争时期，国民党反动派的密侦（特务）更是长驻渡口，盘查过往行人，捉拿地下党人。

当年，年轻的黄成根是一名渡工，载运过不少革命党人。这位红色通道的见证者在堤岸上指着一块已埋入沙土的石碑告诉记者，当时渡口就在这个位置，周围是成片的果林。随着黄伯的缓缓述说，时光倒转到50多年前战火纷飞的年代……

黄伯说，当时他二十四五岁。一天晚上，他逢轮休正在家中歇息。突然有乡民敲门称渡口那边有人找他。"这么晚了，究竟是谁呢？"黄成根嘀咕了一声，但仍是抄起手电筒走出家门。在堤坡上，他看见一个男子蹲在地上，头上还戴着一顶灰色帽子，帽檐几乎遮住了大半个脸庞。黄伯因不知是谁找他，便扬声喊了句："是谁找我呢？"蹲在地上的男子应声答道："老朋友，这边来。"听到对方称他为老朋友，语音却十分陌生，加上天色已黑，对方又戴着帽子看不清容貌，黄伯摘下腰中手电筒，拧亮后便要朝他照去。"不要照，不要照。我是官埭纪。"那男子见状，马上出言制止了黄成根的举动。此时，早就获悉地下党员常在该村片区活动的黄成根也隐约知道对方的身份了。

果然，等黄成根走近后，该男子便直截了当地告诉他，他是"老八"（共产党武装）。在向黄成根宣讲有关共产党为穷苦老百姓撑腰的政策后，官埭纪也提到今后共产党人因革命工作需要，会经过此渡口，希望黄成根能积极配合。过后不久，一些年轻的陌生面孔便常常成了渡船的乘客。瞧着他们的机警的神色，黄成根也猜到了这些乘客的特殊身份。据称，有时革命党人要连夜搭渡过岸传送情报，黄成根不管刮风下雨，总是驾船载运。在官埭纪联系黄成根秘密搭建了红色通道后不久，老黄还机警地搭救过他。

据黄成根称，当时他在岸边候客，一男子步履匆匆地上了船，称有急事要办，让他快点开船。"咦，这声音怎么这么熟？"黄成根不禁打量了该男子几眼，认出他正是当夜称他为"老朋友"的官埭纪。黄成根急忙上前告诉他，对岸那边密侦和大批国民党兵正在搜捕"老八"。官埭纪听后，随即扮成渡工，留在黄成根的船里隐蔽起来，等到对岸敌人撤走后，他才上岸执行任务。

黄伯说，他当渡工前后也就六七年时间，中华人民共和国成立后他就改了行。在这六七年渡运工作中，他搭载过不少共产党人，其中最惊险的一次莫过于巧妙搭救地下党人许坤炎。

据黄伯称，当时国民党反动派已察觉到地下党人在该渡口频繁活动，于是密侦们也在渡口旁设立岗哨。有一次，地下党人许坤炎来搭渡，当时渡轮已划至江中，眼尖的黄成根看到许坤炎在堤岸上张望。

"当时我的心提到了嗓子口，因为数名密侦正在岗哨中喝茶，并对过往可疑乘客予以盘查。如果许坤炎在岸边等候时间稍长，势必引起敌人注意。"危急关头，黄成根抢过同伴的船桨，掉转船头发力划桨，将渡轮划转回去。当时渡船上的其他乘客纷纷叫喊起来，黄成根便大声告诉众人，"那乘客是个远行客，急着过河"。大家也就不再言语了。船抵岸边，许坤炎马上跳下船来，就在船将离码头时，岗哨上两名密侦骤然起身朝渡船走来，扬手示意停船。刹那间，黄成根急得满头大汗，他也注意到许坤炎一脸凛然，右手已按到了鼓鼓囊囊的后腰部。

据黄伯称，那两名密侦原来是看中了渡船上两名穿着旗袍的妇女，下船后就径自走到她们身边打闹调戏。高度警惕的许坤炎没有像平时一样进入船舱，而是蹲在甲板上，一边嚼着一条草根，一边用眼角余光观察两名密侦。黄成根也意识到了什么，他拼尽全力划桨，以尽快将许坤炎送到对岸，因为万一两名密侦突然在舱中盘查乘客，后果将不堪设想。黄伯回忆，那段15分钟的航程是他人生记忆中最漫长的一次。好不容易摇到对岸，看着许坤炎脱险上岸，他才松了一口气。之后，许坤炎过渡时遇到黄成根，对他的巧妙搭救表示谢意，也谈到他当时已子弹上膛做好战斗准备，幸好化险为夷。后来，黄成根机智掩护地下党员许坤炎渡河的经过成为一段佳话，至今还在上窖村流传。

许坤炎妻兄、时任澄海县冠华乡乡长的林潮春是上窖人，他利用自己的关系和影响力，保护渡口安全，使一批又一批地下党人安全转移。另据上窖村民黄两壮称，1947年，上窖渡口的19艘大小渡船还护送过大批革命军，使他们顺利上了凤凰山。

（原载于2005年9月12日《汕头都市报》，作者：姚望新、林子海、林鹏、袁绚琳、张益弘。本文略有删改）

渡口故事之二

古老渡口见证日军烧杀罪证

澄海区澄华街道上窖村渡口位于韩江下游北岸，东距澄海城仅5千米。在韩江尚未通桥的年代，这里是沟通两岸的重要通道。时至今天，仍有一艘渡船穿梭于两岸之间，延续数百年的渡船历史。

这个古老的渡口曾遭日军侵略者践踏，12名无辜群众惨遭日军屠杀，一名被砍伤，幸免一死。上了年纪的上窖村民对这场惨剧仍记忆犹新，对日军的暴行无不咬牙切齿。

1939年农历五月初五，日军侵略者从海面沿新津河登陆庵埠梅溪，进而攻陷汕头。消息传至澄海，人心惶惶。当时的县政府及各机关先行撤至莲下程洋冈村，县长下程珊及地方防卫队大队长李少如暂住县城。

初九，也就是梅溪被攻陷的第5天，日军开始进犯澄海。他们由梅溪乘橡皮艇攻打与上窖相邻的乡村冠山，而后沿冠山堤围直进渡头村，占领该村堤顶碉楼。于是，日寇又控制了韩江一个重要据点，并与梅溪形成掎角之势。

农历五月十三日下午，有恃无恐的日军百余人进入冠山，再由冠山进攻澄海县城，大肆淫掠。

五月十九日和廿七日，日军从上窖渡口上岸，两度进犯澄海县城。地方武装力量和民众顽强抵抗。

1939年农历五月三十日是澄海沦陷期间最为惨痛的日子。日军集结300多人，兵分两路进犯澄城：一路由外河畔登陆，杀向澄城；一路则由上窖渡口上岸。

据村里老人黄两壮介绍，日军从上窖上岸后，一路烧杀掳掠，扑向澄城。当时，上窖村民听闻日军来到，惊恐万分，绝大多数逃离家门避祸。村民扶老携幼，涉水过溪，一路哭声震天。

日军入村后恣意纵火，数十间民房和一座祠堂被付之一炬。晚清秀才高振之因年纪较大，没有随村民逃难，在家门口被日寇连刺3刀，当场倒在血泊之中。高振之是潮汕著名画家，尤以画鹌鹑和竹闻名。当地传说，高振之以价画鹌鹑，2个银圆画一只，7个银圆只能画3只半。时至今天，其作品仍备受藏家推崇。高振之被刺后，没多久便因伤势严重，终告不治。

日军攻入澄城后，烧杀掳掠，无恶不作，被捕杀的群众多达700余人。

六月初二日，日军从澄城撤出。当天，数十名日军押着10多名从澄城掳掠的挑夫，从原路折回上窖渡口。中午，在渡口就地生火做饭。70多岁的上窖村民高旭平回忆说，日寇饭饱酒足之后，便拿挑夫开涮。他们问挑夫，谁是澄城人。然后将澄城的拉到一边，用绳子绑起来，共13人。

这些杀人不眨眼的刽子手，面对手无寸铁的无辜村民大开杀戒，一人一刀，顷刻便有12颗人头落地。当杀到第13人时，不知道是因刀刃不利还是刽子手急于登船撤离，没有将其脖子完全砍断。

脖子没被砍断的叫林再顺，澄城岭亭人，当时年仅十七八岁，个子较矮，在澄城被抓去当挑夫。日寇走后，当地村民阿谦和上窖庵和尚出来收尸，见十几颗头颅滚落地面，菜园里血流成河，惨不忍睹。他们发现有一人尚有微弱的气息。于是，将林再顺移至附近庵内。林再顺已不能说话，他示意用笔谈。和尚从寺里拿来纸笔，林再顺写自己村子和家人名字，上窖村民设法通知林再顺的家人。

后来，林再顺被秘密转移至龙田乡一户农家医治，终于将命保存下来。据悉，林再顺一家在此次日军浩劫中，有伯父、兄弟等4人被杀。

被杀的12人中，属岭亭籍的有林涛、蔡钿、蔡澄弟3人，其余大多名字不可考。被杀者的尸体被上窖村民合葬在村外草埔上。

澄城港口村民郑宽裕在澄城打铁街开饼食店。日寇血洗澄城时，他逃避不及被抓去当挑夫。郑宽裕跪地哀求说，父母年老，儿女尚幼，苦求日军释放。但日军根本不听其诉说，反而对他拳打脚踢，并一路边拉边打来到上窖渡口。随后，郑宽裕连同其他同胞被一并杀害。

次日，郑妻及子听传言有一队日军从外砂河撤退时，把俘为挑夫的40多名群众全部杀害。郑妻以为郑宽裕已被害，赶到河滩认尸。但在40多具身首异地的尸体中竟寻不到郑宽裕的踪迹。郑氏一家茫然无措。

第三天，听说日军在上窖渡口又杀了一批人。于是，郑家母子俩又赶往上窖，但12具尸体已被上窖村民掩埋。母子俩听目击者讲述，确信郑宽裕已被害，尸体与其他同胞埋在一起。国仇家恨使郑家播下复仇的种子。次年，郑宽裕的儿子郑达三挥泪告别家人，毅然踏上抗日的征途。

尽管日寇制造的惨案已过去，渡口也早已恢复宁静，但见证当年惨剧的上窖村民却永远忘不了这段历史。他们代代相传，将侵略者的暴行昭示后人。

（原载于2005年8月2日《汕头都市报》，作者：姚望新、袁绚琳）

六、历史人物

（一）姚中孚（宋进士，京府尹朝奉大夫）

姚中孚，字伯信，宋咸淳十年（1274）赐进士，授京府尹朝奉大夫。离开官场后，在上窖村隐居，是上窖，也是澄海姚氏的二世祖。其墓地在上华镇观音山，至今仍保存完好，是澄海区境内一处罕见的宋墓。碑文为："宋墓　考伯信姚公，妣郡君吴氏。"墓碑边勒铭文小字："公讳中孚，字伯信，咸淳十年赐进士，受京府尹朝奉大夫。"

姚中孚的父亲姚毓英，字子阳，籍贯福建晋江，宋淳祐二年（1242）任潮州统制，期满之后回故里定居。后来，澄海境内姚氏均奉姚毓英为澄海姚氏始祖。[①]

（二）姚士裘（明解元，刑部主事）

姚士裘，字启传，上窖姚氏十四世祖，明崇祯六年（1633）中举人，获"解元"称号，即科举制度中乡试第一名。曾任新会教谕、刑部主事。[②]

[①] 参见澄海县县志编纂委员会办公室编《澄海县志》（清嘉庆），1986年印刷，第105页。

[②] 参见澄海县县志编纂委员会办公室编《澄海县志》（清嘉庆），1986年印刷，第179页。

清嘉庆《澄海县志》有传。据记载，姚士袠性情恬静，童年时即不随便谈笑，俨如成年人。及长，喜好古文、诗词，才华骏发。中举人后，清正自持，不敢以势迫人。1645 年，澄海贼寇黄海如攻陷县城，诸士绅家多数因势力过大而遇害，而士袠家安然不被骚扰，住在他附近的人也都得以免祸。崇祯末年，绅士们都盘剥乡里为自己牟取厚利，士袠却深自贬抑，尤其关心应兴办、改革之事，凡事有关大众利益的，他都努力推行，所以为人民所推服。[①]

《澄海县志》还收入他为《王槐轩文集》写的序。全文如下：

王槐轩文集序

主事姚士袠邑人

学以治心，行以适用，文以传其学与行。苟文之高下浅深，能各如其量，皆足以为天下之至文。余窃观夫今之学则不然：导利以学，欺世以文，竟不知"行"为何物。故其文虽奇丽辩博，驰骋今古，自以为至矣，败坏之祸，世实受之，得非学与其行者非欤？

余少时阅澄海邑志，其文质，其事核，始记所谓槐轩先生者。及交先生曾孙季翁，得读先生《半憨集》，大端酬应之作，要无饰说而有实用，益慨慕其为人。乃考逸行，纪官迹，又见其泽在乡者，乡之人至今尸而祝之，因叹风俗人心，嘉隆间一时之盛，非偶然也。

当先生之时，虽刚方狷洁，不容于世。而当世名卿巨公，识者犹见推许。其风俗人心，视今日又何如也？闻先生为文辄弃去，或录之，则戒其勿传。呜呼！先生之

---

① 参见澄海县县志编纂委员会办公室编《澄海县志》（清嘉庆），1986年印刷，第262页。

日，武昌起义爆发。10月底，汕头传言省城已独立，部分士绅和党人便起而响应，接过汕头的巡警财政之权，并推举高绳芝、曾幸存主持财政。1911年11月13日，也即汕头被收回后的第3天，高绳芝被推举为汕头民政长。为了地方安宁，一向无心仕途的高绳芝不得不临危受命，出任全潮民政财政长。

高绳芝病逝后，被民国政府批准追为丁未"着花红烈士"。为缅怀高绳芝支持辛亥革命和举办地方公益事业的功绩，1934年，民国政府在汕头市中山公园建"高绳芝纪念亭"纪念他。

高绳芝纪念亭亭名由胡汉民手书，还勒有一块碑记。碑文如下：

古称不朽者三，立功其一也。辛亥鼎革，十三司令同时莅汕。需饷巨，人心岌岌焉。绳芝先生出私财十余万济师，秩序以定。林司令激真，别以惠阳军至，主客意左，战衅开。君力调停，幸得弭。寻当道命吴祥达绥靖潮汕，林将拒之。君陈大义，厚资给，乃逊去。汕地华洋杂处，衅不戢，易起外侮，赖君得救宁，厥功可谓伟矣。前后斥财数十万，转移危局。共和肇造，奖给三等嘉禾章。权汕政，兼全潮财政长，旋谢去，唯拳拳桑梓治安。逾年，积劳勋卒，远近惜之。君籍澄海，登贤身后，见清政不纲，绝意仕进，先总理首义惠州，君倾家相助，事秘题者，邦人追念君功，建亭中山公园纪念，并撮大略以示后人。①

---

① 高满华、高晖石、高绳芝3人部分资料综合以下报道：《高氏三代：拳拳爱国心　殷殷赤子情》，载《汕头特区晚报》2010年5月10日；陈纯《高绳芝开汕头市政公用事业先河——汕头供水百年史话之一》，载《汕头日报》2006年9月3日；鄞镇凯《从高绳芝看华侨对汕头埠的贡献》，载《汕头日报》2011年6月5日。

（六）高振之（潮汕近代著名画家）

高振之（1862—1946），又名高翥，上窑沟尾高厝人，出身书香门第，清末秀才，生性淡泊，善画墨竹、鹌鹑。他的风竹、霜竹、雨竹、露竹、晴竹劲挺多姿，各具神韵，尤以"指竹"闻名。其所画鹌鹑，深得宋人笔意，栩栩如生，素有"鹌鹑王"之誉。民间流传其"半个龙银画半只鹌鹑"的故事。

民国年间，高振之与孙裴谷、范昌乾等在汕头市创办"艺涛画社"，出版有《岭东名家画集》；又在家乡建有"可楼"画阁，汕头黄史庭裱画店曾专为他设国内外求画站。他的不少作品为国内外博物馆珍藏。

高振之不仅画技高超，而且练出一手古朴遒劲的行草书，与其画相得益彰。其"指书"闻名潮汕。

高振之习惯以"振之""振之指"落款，盖上篆书"振之"朱文方印。汕头市潮汕历史文化研究中心收藏其一行书条幅："板桥道人云：石涛画竹好野战，略无纪律，而纪律自在其中。余为江君颖长作此大幅，极力仿之，横涂竖抹，要自笔笔在法中，未能一笔逾于法外甚矣。石公之不可及也。"此幅书法随意挥洒，歪正欹斜，肥瘦各别，浓淡相间，结体参差，万千气象在其笔端流泻。

1939年农历五月三十日，日军攻入澄城，高振之因年纪较大，没能随村民逃难，在家门口被日寇连刺3刀，当场倒在血泊之中。高振之被刺后，伤势严重，从此一病不起。

六、民俗活动

20世纪80年代，上窑村各姓氏先后恢复宗祠祭祖制度，分别规定宗祠每年的祭祖日。当天，各宗祠举行祭祖仪式，族人备办进祭品，进祠祭拜祖先。

姚氏宗祠祭祖日为农历三月初二，高氏祖祠祭祖日为农历三月初三，林氏宗祠祭祖日为农历九月二十八，黄氏宗祠祭祖日为农历十月二十五。

祠祭时，男女老幼皆可参加，祭祀仪式结束后，族人聚餐，俗称"食公桌"。

村里有两座天后宫，供奉妈祖。每年农历三月二十三的妈祖诞辰纪念日（俗称"妈生"），家家户户都进行祭拜，村里也会举办文化活动。

七、特色产业

以前，上窖村以农业耕种为主，抽纱、潮绣、草袋等传统手工业十分发达，特色农产品白葛远近闻名。改革开放后，村民听党话、跟党走，在上级和村党总支的正确领导下，依靠区位优势，发展毛织、玩具、机械等工贸业。

（一）农作物——白葛

白葛是上窖的特色农作物。据说，白葛在清朝中期由"过番"的村民从泰国引进，并进行培养种植。

白葛具有清热生津，透疹解毒的功效。因新鲜白葛难以长期保存，当地村民遂将其磨成粉后晒干，制成白葛粉出售。

据说，上窖白葛与众不同，皮白肉厚，清甜多汁，药用价值高。也许是水土原因，同样是白葛品种，在别的村种植，不是产量不高，就是药用价值低。上窖白葛一直受到本村和周边群众的喜爱，远近闻名。

在那个缺医少药的年代，白葛可是一种治疗麻疹的"灵丹妙药"。白葛是一年一造，春种冬收。种白葛难度最大的莫过于"留种育苗"这一环节。冬季收获时，选取个体大的白葛连同藤头一起搬回家，放于温湿的地方，待到春季藤头开始萌芽抽梢,便移到田头培育出藤叶。芒种时节,再用快刀切出一两节藤条做种苗,在田畦中培植一周后就可移植到大田布种。

潮汕沦陷时期,由于麻疹流行,村里白葛种植进入鼎盛时期,全村700余亩地近三成用于种白葛;人民公社化时期,麻疹出现高发期,100斤葛薯一度卖出2000多元的天价。而在正常年份,种白葛的收入也比种地瓜高出3倍。20世纪60年代初,村集体组织规模化种植。当年,村里还专门在江边建设小码头,配有帆船运输队。在收获季节,20艘帆船满载白葛,扬起白帆浩浩荡荡地开往潮州城销售。不用三两天,一船船白葛就被抢购一空。据说此事还被民间艺人编入歌谣。

现在,还有几位村民坚守在田野上,传承着几百年的白葛种植。

(二)品牌企业

广东韩江轻工机械有限公司

广东韩江轻工机械有限公司是乡贤黄锐龙创办的企业,为国内规模大、技术研发能力强的制罐设备生产企业。公司致力于研发先进的制罐机械,是集光、机、电、液压、气动于一体的高新技术制罐设备制造企业。其产品涵盖化工罐,二片罐,三片饮料罐、食品罐、奶粉罐等设备生产线,销往德国、法国、意大利等国家,南美洲、亚洲、中东各国,以及国内各大型制罐公司。

广东韩江轻工机械有限公司设立了国内第一个制罐设备技术研究开发中心,被国家科技部列入国家火炬计划扶持企业、国家创新基金项目单位,是广东省民营科技企业、广东省著名商标企业、博士后创新实践基地。

公司现已成为国内一流、国际知名的专业制罐设备生产

广东韩江轻工机械有限公司

企业，其感应烘干机节能技术全球第一。公司拥有30多项专利技术，多项产品荣获中国包装联合会金属包装容器委员会"突出贡献奖"、中国罐头行业"科学技术奖"和"科技创新奖"。

汕头市澄海区正益设备有限公司

上窖村民黄锐彬创办的汕头市澄海区正益设备有限公司是一家专业从事制罐设备研发、制造、销售的国家高新技术企业。公司建有汕头市智能制罐设备工程技术研究中心，是广东省民营科技企业，连续15年被评为广东省重合同守信用企业，生产的多款产品通过欧盟CE安全认证且被认定为广东省高新技术产品。

公司的主要产品有自动缝焊机、内外补涂机、罐身高频感应烘干机、多功能桶口提耳补涂机、桶口提耳高频感应烘干机、回转式提耳电磁烘干机、花篮桶码垛机和花篮桶桶口封膜裹包机等制罐设备。

公司注重自主研发，以市场需求为导向，以技术储备为依托。部分产品填补了国内空白，在很大程度上实现了节能、环保、智能的设计理念。截至目前，公司已有4项发明专利和10余项实用新型专利获得授权。

创新无止境，服务是纽带。公司以优质的产品和服务获得广大客户的一致好评，产品在国内占有较高的市场份额，同时销往东南亚、中东、非洲、中南美洲、东欧等40多个国家和地区。

八、非遗项目：玉林斋儿科

汕头素有"海滨邹鲁"之誉，辖下的澄海区位于韩江下游，依山傍海，明朝就建县制，人文底蕴深厚，民间中医药有广泛的群众基础。中医师承的方式由来已久，位于澄华街道上窖村林厝内林氏玉林斋中医儿科，至今已传承绵延270多年。

相传清朝年间，一位朝廷医官因得罪权贵，避难到上窖村，得林氏先祖悉心照顾。为报林家恩德，这位医官悉心传授林家中医儿科诊治方法，临行之际，还赠予宫廷医书及秘方。现在，上窖林氏每年农历五月初四都会举行祭拜仪式，纪念这位授医的医官。

清乾隆十年（1745），林氏入潮始祖林居安十九世裔孙林钦昊，于书斋玉林斋附设医寓，为乡民治病疗伤，成为玉林斋第一代传人。他主攻中医儿科，并立下家训——"悬壶济世，施医行善"。此后数代裔孙均继承其儿科医业。

玉林斋医寓传人十分勤奋，在传承这位医官技艺的基础上，结合平时行医心得，先后有6代传人分别手书及手绘图解《幼科必知》《林氏祖传秘授脉诀》《林氏祖传疳积妙方》《林氏祖传秘方书》《林氏祖传儿科验方》等9种医籍，数量达几十本之多，涵盖了中医儿科"麻、痘、惊、疳"等常见或不常见病症的诊断和方剂，形成林家系统的独门中医儿科。

林氏后世谨守祖训，潜心修行，岐黄之术日渐精湛。清嘉庆年间，澄海知县幼儿患顽疾，屡次求医，总未奏效。后慕名到玉林斋求医，效果显著，药到病除。知县深为感动，特赠送一块亲手所写的"襁褓生春"牌匾。这块牌匾一直被林家视为珍宝，代代相传，遗憾毁于"土改"时期。

现保存在第七代传人林喜钦医寓的这些手书医籍、验方及药丸、药散的配方，是一笔宝贵的中医文化遗产。2014年4月3日，《汕头特区晚报》在《汕头好家风》特别栏目中，以《一个中医世家的守与变》为题报道"玉林斋"中医世家事迹。

2020年，玉林斋中医儿科诊治被列入澄海区第八批区级非物质文化遗产代表性项目，澄华街道上窖社区卫生服务站被列为保护单位。

附：

玉林斋四字歌

玉窖林氏	中医世家	悬壶济世	源远流长
清朝年间	祖建斋馆	名号玉林	潜心岐黄
解忧纾难	治病救人	最为推崇	施医行善
通贯内科	擅长儿科	屡立奇功	誉满城乡
嘉庆澄邑	知县幼子	身缠重疴	延祖疗伤
药到病除	亲赐牌匾	祵祿生春	美事一桩
先祖勤勉	日间行医	夜里著录	结篇成章
麻痘惊疳	祖传秘方	卷帙浩繁	堪称宝藏
先有祖训	后守家风	二百余载	代代相传
绵延至今	欣逢盛世	晚辈努力	光大发扬
一门六医	人才济济	内外妇儿	各有所强
开设诊所	造福故里	望闻问切	妙药良方
崇尚医德	精益求精	承先启后	杏林飘香

九、建设保护

近年来，上窖社区党组织以习近平新时代中国特色社会主义思想为指引，全力推进创建文明城市工作，打造和谐幸福社区。

社区先后建设贤德文化广场，拓宽学校门前道路，改造升级古驿道，改造升级黄厝祠堂后面和妈宫周边的休闲

专家考察古村落

[2020年12月,广东省政府参事、广东省民间文艺家协会副主席、广州大学历史系博士生导师王元林教授(左2),广东省农工商职业学院原院长黄伦生教授(左1)等组成的专家组在上窖社区开展考察工作。]

广场,改造文祠沟、沟口沟,修缮古井。

通过植树种花、平整土地、配套石凳等,改善了乡村环境,为村民提供了休闲娱乐的好去处。同时,也通过宣传栏等形式,将这休闲广场打造成弘扬中华优秀传统文化和社会主义核心价值观的阵地。

古村落历史悠久,承载着乡土的文脉、人脉,是上窖人的精神家园。社区"两委"将继续做好保护古村落这篇文章,厚植乡贤文化,守望乡土情结,使上窖成为留住乡愁的美丽乡村。

(作者:姚望新、李晓鏧、陈文惠、王秋林;摄影:袁笙,英匠影视、林启胜协助提供资料)

美丽乡村建设新景点

东湖，打造最美侨乡

东湖牌楼

巍峨牌楼，里仁为美。东湖是望得见山、看得见水、记得住乡愁的美丽乡村。东湖社区隶属于汕头市濠江区广澳街道，位于达濠岛东部，三面为青山所拥抱，面朝浩瀚碧海。

饱经沧桑的宋碑，见证了东湖建村 800 余年漫漫历史；《路记》依稀的字迹，述说着先辈筚路蓝缕的凄美故事。

全村常住人口 6000 人，旅居海外的乡亲 13000 多人。村里有"东湖海员华侨俱乐部"，香港有爱国爱乡社团"东湖同乡会"，著名侨乡实至名归。

"金色东湖乡"集体商标是古村落又一张闪亮的名片。秋冬时节，田野一片金黄，菊香扑面，农户忙着采摘菊花，"采菊东篱下，悠然见南山"的情景跃然而出。

东湖除了菊花，还有青柑、紫菜、东京丸、薯粉、赤豆仔、海石花等特色农产品。现在，菊花、东京薯和紫菜被称为"东湖三宝"。

东湖水美土沃，地理条件优越。社区党委正以习近平新时代中国特色社会主义思想为指引，践行"绿水青山就是金山银山"理念，以菊花特色产业亮点形成农耕文化线条，以优美的生态自然资源、特色鲜明的潮汕古村落和具有深厚底蕴的东湖文化脉络等作为核心，打造宜居、宜业、宜游的美丽东湖。

一、地理位置及历史渊源

东湖社区位于达濠岛东面，三面环山，一面向海，因村落在盆地，且于达濠之东，故名。

东湖创乡历史可上溯 800 多年，村北面古巷口伯公庙里藏有《路记》石碑，记载年代是宋宁宗嘉定七年（1214），内容为村里多个姓氏村民合力修路之事。可见，东湖的立村时间应早于这个时期。

东湖航拍（杜壮波摄影）

东湖发祥地是古巷顶至石门妈一带，庄、翁姓为最早创乡姓氏，《路记》所述的修路地方就是这一路段。后来，随着迁徙人口的增多，村落范围逐步扩至大灰埕、五房巷、严厝埕等片区。

明洪武年间，潮阳贵屿李姓后裔在东湖后头石一带创建东湖下乡，距今已600余年。后来，林、严、朱等姓氏族人相继迁入，村落渐渐形成规模。

据载，明朝时，共有3个族系的林姓从不同地方进入东湖。明嘉靖三十五年（1556），中祠林姓一系从江西建昌迁至广澳后再迁入东湖；"树脚林"于明崇祯年间自马滘迁入；"下田林"（现称"上乡尾林"）从埭头迁入。

严姓则于明正德初年迁入，朱姓从葛洲迁入。

至清代，东湖已有林、李、严、庄、陈、许、翁、洪、朱、谢、卓、曾、邱、杨、蒋、吴、王、梅等姓氏族人居住。此时，人口较多，并开始分为上、下两乡。明嘉庆二十年（1815），上乡尾林氏开始建立宗祠。清道光年间，上乡中桐林氏和下乡李氏也先后各自建立祠堂。

汕头开埠后，外国船只在汕头港频繁穿梭。于是，很多富有讨海经验的东湖人受聘到外国船上当水手。后来，其中部分人随船漂洋过海，到香港地区，以及东南亚一些

东湖，打造最美侨乡

国家谋生。

1960年，东湖旅外乡亲捐资在村里建起东湖海员华侨俱乐部，作为接待东湖旅外乡亲的固定场所。相邻的葛洲村也建有海员俱乐部。一座乡村有这样的特殊机构，在全国是不多见的。

东湖的香港乡亲则在香港成立了爱国爱乡的社团东湖同乡会，团结香港乡亲，敦睦乡谊，助力家乡建设。村级同乡会在香港也并不多见。

历史上，东湖长期属于潮阳县管辖，明清时期分属其招收、砂浦二都。《潮阳县志》（隆庆版）记载："砂浦之村曰砂浦寨，曰施厝边，曰牛田，曰磊口门，曰苏梅湾，曰葛洲，曰澳头，曰上头，曰东湖，盖荒村云。"从明隆庆三年（1569）至清光绪十年（1884），东湖则为上乡、下乡。明清时期，东湖上乡隶属潮砂阳浦都管辖，下乡属招收都管辖。[①]

1946年，东湖与葛洲并为潮光乡。中华人民共和国成立后，东湖建立新的乡政权。1956年至1958年，再与葛洲村合为潮光乡，隶属潮阳县管辖。1958年年初，从潮阳分出，隶属汕头市郊管辖。1961年复属潮阳县。1974年又属汕头郊区。1980年称汕头市郊达濠镇东湖大队。后来又经几次行政区划的变动，现在，东湖社区由汕头市濠江区广澳街道管辖。

二、古村落概貌和民居特色

东湖全村面积约5平方千米，古村落占地284亩。有明清以来的古民居430座；寨门3个，即后头石寨门、后

[①] 参见杨育宏编撰《东湖履痕》，东湖社区居委会2020年编印，第28~29页。

古民居

古巷顶

伯宫庙

池寨门、古巷口寨门；主要老巷道 12 条，分别是卓厝巷、古巷、花姑脚、后头石、李厝内、宫头、礼拜堂、大灰埕、朱厝巷、石狮巷、下楼妈、后池。

古巷顶

东湖村北，有一个叫"古巷"的地方，这是东湖村的发祥地。早在宋朝时期，就有多个姓氏的族群在此居住。相传庄、翁姓为最早的创乡姓氏。

寨门边，一棵榕树古朴苍劲，树荫茂密，有着八九个成年人才能合围的树干，如磐石安坐。几百年过去了，岁月无声，老树留痕，古榕已成了东湖标志性的自然景观。

榕树后面是村民的守护神"梭仔"伯公庙，里面有村民供奉的"门头伯公"。寨门边的那条路即是古巷，从村里通往村外，这就是石碑《路记》所述的地方。800 多年前，

古巷寨门（"里仁为美"）

古巷寨门（"东海怡情"）

先辈们披荆斩棘来到这里安家落户，他们同心同德修出一条乡道。这曾是东湖与外界联系通道，村民从古巷通往葛洲，再往潮阳、汕头市区。

"里仁为美"寨门

清咸丰年间，社会动荡不安，"海盗猖獗，棍徒骚扰"。为保家园安宁，乡人沿村周边东、南、北三面建墙围寨，在后头石、后山门、古巷口设3个寨门，供人们出入。如此一来，当时的东湖就完完全全成为一个防护严实、结构完整的村落。位于李厝埕五巷的后头石寨门是村里正寨门，也是当时东湖的主要出入门户。寨门宽敞气派，上面刻有清咸丰年间进士张国栋的手书"东海怡情"，字体清雅俊逸；在寨门背面，"里仁为美"牌匾字体深厚华润，别具一格，至今仍保存完好。

"里仁为美"出自《论语·里仁》："子曰：里仁为美，择不处仁，焉得知？"意思是，孔子说：跟有仁德的人住在一起，才是好的；如果你选择的住处不是跟有仁德的人在一起，怎么能说你是明智的呢？

儒家一贯注重居住环境和对朋友的选择，近朱者赤，近墨者黑。与有仁德的人住在一起，耳濡目染，就会受到仁德者的影响。

2012年落成的东湖新建牌楼采用老寨门"里仁为美"几个字，由此可见，东湖村的价值追求一脉相承。

石板路

石板路

东湖石板路多，而且保存完好。寨门里面是一条七弯八拐的石板路，看似与其他石板路没有什么不同之处，却暗藏玄机：这是一条具有排污功能的石板路。原来，在石板下面是空心的排污管道，解决全村的生活、生产的排污、排涝问题。这在20世纪70年代是一项极好的民生工程，曾轰动周围兄弟村落。

古井

东湖现有古井4个。庄厝井在上乡中祠前右巷，以其不竭且甘甜的泉水滋润着世代乡民。大井位于后池东南方向，此处因井而名"大井脚"。与庄厝井一样，大井可以说是周边众多乡民的"母亲井"，水源充沛，水质甘甜，既是东湖旧时的一个地标，也是外出游子的乡愁所在。现下的大井，井水依然清澈，时不时还有人取用。还有一个古井是树仔脚古井。东湖树脚林氏自七世祖创居东湖以来，繁衍生息400余年，人才辈出。东湖岭路最高处，人们俗称之为"岭顶"，那里也有一个古井。

古井

大灰埕

大灰埕

沿着严厝埕狭窄的巷道就可到大灰埕。东湖的大灰埕民居群以另一种形式展示了潮汕厝的恢宏气势和独特魅力。这里巷道幽深,远远望去,厝角头林立,11座传统"四点金"民居有序排列,整齐划一。这是东湖独一无二的民居建筑群,在潮汕也不多见。

大灰埕是一个具有传奇色彩的地方,主人林以严是清朝中后期上乡林氏"诒燕堂"七世祖。据传,发了财的林以严选中东湖下田往西的一片土地,为11个儿子各建造一座"四点金"建筑。当时林以严建造大灰埕"四点金"群时,大灰埕"四点金"建筑群前3座墙体、地埕等全都是用海里的蚝壳、贝壳等优质贝灰与沙子、泥土按照严格的比例混合搅拌,反复垒打而成。现在,大灰埕所有用贝灰沙土打垒而成的建筑墙体依然坚如磐石,成为东湖的建筑传奇。

"四点金"老宅

在东湖村下楼妈寨门附近,有一座老宅,是东湖第一座精美的"四点金"老宅。房子主人早年"过番"到泰国做生意，后来寄钱回家乡建设厝屋，至今已历经100余年。从老宅精美的瓷砖和中西结合、图案精致的灰塑可以看出，这是当时一户家产殷厚的富裕人家。

顺琴故居

位于东湖后池3号的顺琴故居是一座面池而建的典型的"四点金"民居。正门牌匾镌刻着"敦煌旧家"四字。门口一块金色牌匾上写着"洪氏潮汕联谊总会、东湖族亲宗会"字样。据记载，该建筑建于民国八年（1919）。屋内现存大量彩绘壁画，有传统人物，也有海外风情，记载着房屋主人当时在海外生活的信息，是东湖唯一保存完好的典型宅院。

铁山旧家

离开顺琴故居，来到卓厝巷，这里又是另一番景象。巷道两边灯笼高挂，墙壁彩绘异彩纷呈，各具形态的山墙，令人顿生遐想。两侧是清一色的传统民居，有"四点金""下三虎""竹竿厝"等。一座门匾上写着"铁山旧家"的"四点金"房屋，中门、前厅、中厅、火巷等潮汕代表性民居元素齐全。

顺琴故居

铁山旧家

富春旧家

富春旧家里的装饰

海员华侨俱乐部旧址

富春旧家

严氏祠堂的发起人和主要出资者严福添（福财）先生在建设祖祠的同时，于祖祠后面建造一座"四点金"私宅，称"富春旧家"，又称"福添别墅"。建造过程中，抗日战争爆发，汕头沦陷，两边火巷被迫停工，至今还是未完工的"四点金"民居。

月德楼

在近代历史上，东湖村旅居海外的乡亲众多。在东湖乡下楼妈，有一幢洋楼——月德楼。这是中华人民共和国成立前东湖唯一一幢中西合璧、建筑风格独特的二层楼民居，由在美国打拼的东湖乡人李月德、李喜德兄弟所建造。月德楼正门有浮雕"德庐"二字，下面有"1948年"字样。主人既标明月德楼建设时间，又将"1948年"作为装饰，镶嵌在门面。这在东湖是始创，此后很多人仿效这种做法。

海员华侨俱乐部

与月德楼相邻的是海员华侨俱乐部旧址。俱乐部的全称叫"东湖海员华侨俱乐部"，于1960年2月5日开工建设，次年3月5日建成。

海员华侨俱乐部占地244平方米，为单层土木结构，四泻陶瓦屋顶，是一幢有特色且有重要意义的建筑。这里曾留下了海外游子的思乡之情，见证了他们的辛酸漂泊史。

2005年，该建筑被拆除，在原址另建一栋两层楼房。

三、宗祠和庙宇

目前，东湖有祠堂4座，即林氏祖祠（分为上乡中祠、上乡尾祠各1座）、李氏家庙、严氏祖祠。此外，还有严氏家塾（私祠）1座。

林氏祖祠"诒燕堂"

"诒燕堂"又称"上乡中祠"，位于上乡中间，建于清道光二年（1822）。1995年重修。重修后的上乡中祠气派恢宏，前有独角麒麟及福鹿、松鹤浮雕照壁，内有"十德之门"牌匾，设神龛5个，供奉太始祖比干以降列祖列宗牌位。

林氏祖祠"诒燕堂"

林氏祖祠"诒燕堂"

1996年春,东湖"诒燕堂"重光晋主时,著名侨领林来荣先生自泰国专门印制《林氏渊源》及《林氏家训》,送与族人,并寄言林姓儿女遵循祖训,立身处世,传承林氏忠孝家风,再创辉煌。

《林氏家训》以传统的伦理道德为核心,以崇孝道、睦宗族、重教养、齐家政、正礼节、务读书、明德性、谨言语、慎交游、处世事10个方面155条族规,教育和规范林姓儿女的行为。

林氏祖祠"光裕堂"

"光裕堂"位于东湖上乡宫仔前,俗称"上乡尾祠"。该祠堂族人与中祠林氏子孙属同宗不同派,也奉比干为太始祖。

据林氏祖祠光裕堂有关资料记载,光裕堂开基祖为桃山公,生于明末。光裕堂以六世祖奕生公的名义所建,始建于清嘉庆二十年(1815),建成于清道光三年(1823)。由于种种原因,祠堂建设只成形,尚未形成规模。至清道光十九年(1839),光裕堂重修。1925年秋,国民革命军东征军路过东湖时,曾驻扎在该祠堂。

林氏祖祠

1999年，祠堂重修。新建祠堂在原址基础上，扩大规模重建。"光裕堂"拜亭正中按传统悬挂牌匾"有沾余沥"。

李氏家庙"追远堂"

李姓在东湖属人口较多的姓氏，其家庙位于后头石寨门内，始建于清道光二十年（1840），称为"追远堂"。"追远堂"的初始祖为元善公（号善翁，福建泉州同安县碧礁村人，授职潮阳儒学，开基贵屿龙门乡，为一世祖；二世

李氏家庙

祖蓝侨公、清波公。清波公生子锦封公、锦园公）。锦封公因元兵入侵，躲避战乱而至东湖创居，为东湖李氏开基祖（锦园公为青篮南门李氏开基祖）。传至十五世子敬公建祠立庙，大门牌匾挂"龙门旧家"。

　　1993年3月，族人集资重修，"追远堂"牌匾为原祠堂牌匾。

严氏祖祠

严氏祖祠"开宗堂"

在东湖几个姓氏的祠堂中,严氏祖祠修建的时间最短,但占地面积最大,位置最显眼。严氏于东湖创祖距今已500多年。明成化七年(1471),福建平隐、善隐兄弟迁移至东湖创业,为东湖严氏一世祖。

20世纪30年代初,东湖严氏族人严福添(福财)靠在海外拼搏,节衣缩食,有了一些积蓄。福添先生携带血汗钱回归故里,安家建房置地。同时,协同族人光明(俗名吊灯)先生作为发起人,众宗亲同心同德,共同出钱出力,筹办建设祖祠事宜。

严氏祠堂的建设造就了祠堂建设上的一个奇迹:一座祠堂的建设石料全部取自一块巨石。如该祠堂"三山"通梁长一丈八尺五寸,是用一整块完整的石料打造而成。严氏祠堂悬挂"富春衍派"牌匾。

东湖境内有三山国王庙、大峰祖师庙、天后庙、元帅老爷庙、神农圣帝庙、观音庙、地藏王菩萨庙、珍珠娘娘庙、土地伯公庙等。

四、古石碑和牌匾

（一）《路记》石碑

《路记》石碑立于南宋嘉定七年（1214），原位于东湖古巷口，20世纪80年代乡民重修福德神庙时，为便于保护，将之移入神庙内。该碑高85厘米，宽56厘米；碑额二字横刻，高9厘米，宽11厘米；碑文10行，每行约17字，字径4厘米。

该碑记载了南宋嘉定七年东湖村先人修建古巷路的情况，距今已800余年，系濠江区最古老的碑刻之一。碑文为：

路记　昔此路始乃庄子成、陈愈首为之唱，悯泥涂之阻，乃裒众资，招来石匠，凿石以济泥淤、未克全功，以经二十余年矣。至嘉定五年七月吉日，乃预会侣人而续其余，收什诸门，施资移化，些少裨添修造，以全终始之基，并于入门夹路一条田塍，总计三百二十四丈，坐钱一百二□贯。庶几考古验今，永为一乡子孙久远者矣。时嘉定七年岁次甲戌二月□日修造。通昌昭琼口同立，缘首庄盛、陈仲、庄荣，干工庄连、庄口。

《路记》石碑

（二）垂远碑

保存于宫头观音庙内的垂远碑，立于清道光年间，碑文是当时地方官府一项维持治安秩序、整肃时弊的公示。其给后人提供了诸多信息，如当时东湖已有上下乡之划分，且已在官府多方管辖之下；逢年过节经常表演傩戏，还有游神赛会等。碑文为：

垂远碑

特授两广招收场盐政斤加三级申
署理达濠地方等处地方守府加三级传
署理湖阳招宁巡政斤加三级徐

为金恳除弊，以照旧章，以杜扰累事。案据该属东湖乡约正生员李允升舟等金禀前事，词称，缘生等僻处东湖上下两乡，凡遇乡傩神诞演唱影戏与辖属三十余乡一体，并无投递手本，因海盗猖獗，恐有棍徒乘机抢□，故遵照前任文武各宪谕，今二乡预先禀明，以便饬着兵役至乡防范，此诚良法。嗣后竟有兵役每台勒索铜钱七百余文，有方准唱，无即阻难百端。伏思兵役巡查原为防盗起见，现已地方平宁，禀如一事可以从民节省，势得列金具结披恳，俯允按照前章与各乡同免投递手本，并得勒石垂远等情。据此均批该乡演唱影戏，如有棍徒滋扰，自行扭送除结，状存附外合就。会印示谕，为此示谕所属东湖上下两乡人等知悉，嗣后凡有影戏夜戏免先禀知，该乡绅者务须严密查察，无致虞。倘兵役复有需索，即指名禀报，以便重究，各宜懔遵毋违。特示。
道光元年五月初一日立。

垂远碑

（三）牌匾"有沾余沥"

林氏宗祠"光裕堂"拜亭正中悬挂牌匾"有沾余沥"。据传，该牌匾自"光裕堂"建成后一直悬挂，后来祠堂历经多次变迁，牌匾被族人收藏。2006年，林氏族人再修光裕堂时，牌匾才重见天日，但已经出现明显残缺。族人按原来的规格重新制作牌匾，将"有沾余沥"4个字按原来的痕迹重新制作，悬挂于"光裕堂"正中。原来的牌匾为杉木质，横幅，长230厘米，宽86厘米，收藏于祠堂前房。

据杨育宏先生等人考证，该牌匾是当时广东地方官府对东湖林氏先祖林奕生（职衔为修职郎，相当于现在的副县级）的褒奖。

据《潮阳县志》记载，清雍正初年，潮阳境内发生水灾和疫情，官府号召官民好善乐施，捐俸倡赈。官府称，"凡捐资一百以上者，悉令给匾奖旌"。据此，从"有沾余沥"4个字的字义看，应该是"承蒙施予某种恩惠""表示感谢"的意思。而领衔颁发牌匾的，是从"兵部尚书兼都察院右副都御史总督广东广西等处地方军务兼理粮饷加九级孔毓恂"至"文林郎知潮阳县事加五级□□"共6级地方官员。经对照史料，这些官员也正是那个时期在位执事者。可以这样推断，林氏先祖奕生公（时已有职衔"修职郎"在身）乐善好施，于雍正初年捐资或捐物赈济灾民，而且数目不菲，地方官府（等级高至省级）颁此牌匾予以褒奖。牌匾颁发时间为清雍正七年（1729）。

据说，过去地方官员经过"光裕堂"都得"下马""落轿"，以示对该牌匾的敬畏。牌匾的文字为：

有沾余沥

兵部尚书兼都察院右副都御史总督广东广西等处地方军务兼理粮饷加九级孔毓恂

巡抚广东等处地方提督军务兼理粮饷都察院右副都御史加六级年希尧

广东等处承宣布政使司布政使加五级朱绛广东分巡惠潮道按察司副使楼俨

特授广东潮州府正堂加一级李濂

文林郎知潮阳县事纪录三次魏燕超

潮州府揭阳县正堂署潮阳县事加三级陈树芝文林郎知潮阳县事加五级□□为修职郎林奕生立[①]

[①] 参见杨育宏编撰《东湖履痕》，东湖社区居委会2020年编印，第86~89页。

五、东湖景观

纱帽石

纱帽石，海拔 168 米，以其形若古时官员纱帽而得名。在纱帽石上自北往东往南瞭望，可俯瞰汕头市区、澄海、饶平、南澳等地。如果天气晴朗，远近水、天尽收眼底，连南澳上的山形、公路也都清晰可见。

烽火讯台

东湖是外海进出汕头港的必经之地，自古就是兵家要地和航海要道，时有外寇和海盗入侵。明洪武元年（1368），朝廷在东湖与葛洲交界处的一座山头上修筑了一座烽火讯台，与广澳连鞍山、埭头烟墩山等处的烽火讯台遥相呼应，形成防御敌寇、海盗的报警系统。后来，埭头烟墩山乡民就把该山头叫"烟墩城"，现遗址仍存。

六、东湖特产

东湖社区水美土沃，地理条件优越。社区党委践行"绿水青山就是金山银山"的理念，利用好传统文化和区位优势，引导侨资侨力、乡贤和社会力量，大力发展教育服务业、文化休闲旅游和特优农业产业。

"采菊东篱下，悠然见南山。"每年秋冬时节，东湖社区一片金黄，菊香阵阵，农户们都忙着采摘菊花。目前，东湖种有菊花近百亩。采摘的新鲜菊花得经过冲洗、晾干、熏蒸、再晾晒等环节进行加工。这样制作出来的东湖菊花色纯味香，远近闻名。为擦亮这一品牌，东湖社区申报了"金色东湖乡"集体商标。

东湖村水土条件优越，物产丰富，除了菊花，还有青柑、紫菜、东京丸、薯粉、赤豆仔、海石花等特色农产品，远近闻名，并且具备一定的种（养）规模。东湖的炭烤紫

东京丸

紫菜

东湖菊花（罗顺才摄影）

菜也十分有特色。小小的炭炉边，工人每次烤两张紫菜大约需要30秒，紫菜要转40圈左右，待颜色由深黑变成浅绿时，即可食用。东湖有炭烤紫菜加工点10多个，所产紫菜清香酥脆，远销各地。

"金色东湖乡"集体商标为东湖社区增添了一张新的"集体名片"。东湖社区居委以此为契机，有效带动、引导农民规模化种植东湖菊花、龙眼、紫菜和饲养家禽，统一推广、营销特色产品，为乡村特色农副产品贴上名牌，带出濠江，走向全国，乃至走出国门。

现在，菊花、东京薯和紫菜被称为"东湖三宝"。接下来，当地将引导农户规模化种植，统一推广营销，打造特色旅游品牌，谋求新的发展。

社区还多渠道开辟乡村振兴道路，大力引导民宿客栈建设，发展乡村旅游业。设立占地面积近120亩的工业区，建设厂房 5 万多平方米，吸引了多家外资和私营企业来此落户。东湖社区旅外乡亲众多，侨资侨力优势明显。近年来，广大侨胞热心反哺家乡，大力支持家乡教育、卫生和公益事业发展，为东湖赢得名副其实的侨乡美名。

七、民间传说

（一）三山国王庙

三山国王是我国南方民俗信仰的一位神明，象征地方保护神，俗称"地头神"。三山是揭西县河婆镇西南面的明山、巾山和北面的独山。关于三山神的来历，传说隋代某年二月二十五日，有 3 位金甲神人出现在巾山石穴，自称是兄弟，受命于天，镇守巾、明、独三山，托灵于玉峰山的界石，庙食于此。至唐元和十四年（819）韩愈贬潮，时逢淫雨伤害庄稼，百姓祷求三山神，雨乃止。韩愈便写了《祭界石文》，派人到祖庙祭拜，以示感恩。

自古以来，三山国王被视为村的地头（神）老爷，又称为"当境正神"，能保护阖境民众平安。以前，每逢婚丧嫁娶，人们都要到村里的三山庙朝拜。如某家要娶新娘，新郎及其家长要先请占卜先生，用朱笔题写"三山国王""麒麟到此"于长方形小红纸上（3 副 6 张），祈求新婚吉庆，保佑合家平安。这 3 副小红联，一副由媒人送往女方家贴大门，两副于新婚前夕贴于男方家大门及新房门上，以御凶鬼恶煞，保佑家室安宁，早生贵子。

东湖三山国王庙在宫头，称为"国王古庙"。

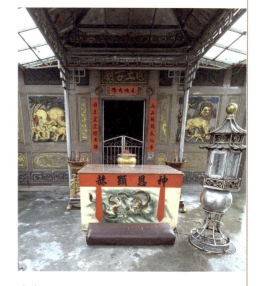

古庙

古庙（姚望新摄影）

（二）"栳仔"伯公

古巷"栳仔"伯公在东湖村北，见证了东湖的历史。巷口于宋嘉定七年（1214）所立的《路记》碑清楚地说明，早在800多年前，这里就已经有多姓氏先民聚居而形成的村落，有宽敞规整的道路，这里是东湖的发祥地。

古巷是东湖乡民经大岭通往葛洲再往潮阳、汕头城区的必经之道，这里的"栳仔"伯公，就是当时乡民供奉的"门头伯公"。据传，古时熊狗猖獗，常进村扰民、残害人畜，自从供奉"栳仔"伯公后，熊狗再也不敢从此经过。有一次，熊狗半夜进村偷袭。村民发现后一路追赶，熊狗落荒而逃。逃至古巷，明明有一条大路可以直通村外，就是不敢过去，又往回跑，结果被人乱棍打死。人们认为，是伯公显灵，阻挡了熊狗的去路。

八、民俗活动

（一）"营老爷"

东湖与潮汕其他地方一样，新春伊始就有游神习俗，当地俗称"营老爷"。据东湖垂远碑碑文记载，东湖在当时就有"傩神诞演唱影戏"等民俗，应该就是"营老爷"。

东湖的"营老爷"是正月十一。每年这一天，大街小巷热闹非凡。伴随着欢乐的潮州笛套锣鼓和潮州音乐，村里壮汉抬"圣驾出游"彩旗、"五方旗"（青、红、黄、白、黑）走在队伍的最前面，并抬着村里各尊神像隆重出游，潮汕大锣鼓和乐队跟随其后，队伍中还有古装人物队、标旗、英歌舞等。游行队伍浩浩荡荡，气势磅礴。

（二）"壮地龙"

据传，旧时风水先生有言，东湖的"龙脉龙头"在古巷伯公庙的位置，此地不得有庶民安设"坟山风水"，每3年必须举行一次"壮地龙"活动。

当时，群众举行大型彩龙巡游，伴随着锣鼓、音乐、标旗、戏曲等，穿行于乡里各路道，祈求驱瘟除邪、兴旺人畜、五谷丰登、四季平安。当晚请龙看戏，第二天送龙回洞。"壮地龙"曾是一项极其隆重的民俗祈福活动，但不知何时何故，此活动没能延续下来。

民俗活动（罗顺才提供）

九、建设保护

东湖社区党委以习近平新时代中国特色社会主义思想为指引，坚持党在社区一切事务中唱主角，践行"绿水青山就是金山银山"的理念，利用好传统文化和区位优势，引导侨资侨力、乡贤和社会力量，全面推进农村人居环境整治，建设生态宜居的美丽乡村。

2020年12月省专家组考察东湖社区

目前，已完成前山洋一巷、大灰埕、石狮巷榕树公园和大榕树公园建设等项目，同时，将全面启动后篮路道路改造工程、湖滨路至后头顶路道路改造工程、新区景观环境整治、宫仔前环境整治、老村道环境美化提升5个美丽乡村建设项目。充分依托社区现有的资源和空间场所，因地制宜，打造一个党建侨乡广场，将党建文化、乡村韵味、侨乡文化融入景观设计之中，营造党建宣传氛围，彰显侨乡底蕴，展现社区的美丽乡村形象。

以菊花特色产业亮点形成农耕文化线条，以优美的生态自然资源、特色鲜明的潮汕古村落和具有深厚底蕴的东湖文化脉络等方面作为核心，打造宜居、宜业、宜游的生态休闲农家乐。盘活古村落资源，依托卓厝巷、后池、古巷石板路至古巷口大榕树公园这一老村道路线，打造民俗步行街，构建滨海文化观光旅游带，通过民俗步行街的辐射，带动推动社区经济发展，助推乡村振兴。

近几年来，在街道党工委的坚强领导下，社区党委团结带领广大党员群众和海外侨胞积极开拓进取，使社区各项事业始终沿着正确的方向蓬勃发展。社区先后获得国家科普示范社区、全国社区侨务工作示范区、广东侨界人文社区示范点、广东省古村落、广东省宜居社区、广东省卫生村等殊荣。

（本篇资料和观点部分采用杨育宏编撰《东湖履痕》，东湖社区居委会2020年编印；摄影：袁笙）

仙门城,开启振兴乡村新征程

仙门城

仙门城

　　仙门城社区隶属广东省汕头市潮南区仙城镇，地处大南山北麓，位于潮南区西南部。

　　仙门城古寨建于明建文年间，陡峭的城墙至今屹立如初。这里仍保存着一批宝贵的古建筑，这些古建筑仿佛是凝固的时光，以独特的方式，向人们讲述着这个地方的历史故事、沧桑巨变。

　　走近仙门城古寨，如同走近一段600多年的历史。曾经的繁华，在颓垣断壁上鲜活；过往的辉煌，在深深庭院中重现。

一、地理位置及历史渊源

　　仙门城地处大南山北麓，潮南西南部，南面、西面分别与金溪、五和接壤，东北面与两英镇、陈店镇交界。

　　仙门城社区下辖人家、新联、新星、浮洋、友南、友

仙门城城墙

北、东美、西美8个自然村,地域总面积约10平方千米。现有居民6500多户,常住人口3.2万多人,是全国人口数排第二位的行政村(社区)。仙门城在海内外的乡亲有近10万人。

  仙门城历史悠久,置寨于明建文年间,距今600余年。建寨时,隶属潮州府潮阳县管辖,寨名为"山门城"。世居赵氏一姓,为宋太祖赵匡胤之弟魏王赵匡美后裔,从福建漳浦迁居大塘陇（今大长陇）。据仙门城社区的资料介绍，其中一脉赵五千生活于元大德年间至明代初年，世居大长陇村。至三世祖赵碧川得仙师何野云指点，先得宝地九石埔，后来创建了山门城，因仙人指点，故名"仙门城"。

1921年，隶属潮阳县第九区。1946年，隶属第九区山门城乡。中华人民共和国成立后，隶属第九区人民政府山门城乡。1952年1月，隶属陈店区（第九区）仙门城乡公所。1958年8月，隶属东风人民公社管辖，称"仙门城乡"。1961年9月，隶属仙城人民公社，仙门城乡分割为友城大队、新城大队。1983年，隶属仙城区政府管辖，称"友城管区""新城管区"。1986年，隶属仙城镇人民政府管辖，友城管区、新城管区合并为仙门城管区。1988年7月，仙门城管区分割为友城管区、新联管区、新星管区。1991年7月，友城管区、新联管区、新星管区合并为仙门城居民委员会。2004年3月2日至今，为潮南区仙城镇仙门城社区居民委员会。

二、传统村落和特色建筑

仙门城最有人文价值的传统村落主要是九石埔和老寨。这两处村落历史悠久，底蕴深厚，建筑特色鲜明。有赵氏大宗祠、如川祖祠等42座祠堂。

（一）传统村落

九石埔

九石埔坐落在老寨外约1千米处。当地村民口口相传的一句民谚——"未有山门城，先有九石埔"，昭示着九石埔悠久的历史。

九石埔寨墙系古式夯土结构，由一寨门出入。寨内巷

隆城古村落

仙门城

道纵横，呈框架式结构，房屋格局有"四点金""下山虎"及普通平房。寨内北侧有一口水井，圆形井口已严重磨损，见证漫长岁月，但井水依旧清冽，长年不涸。据村民介绍，这口水井是九石埔村民唯一的饮用水源。据传，1943年，潮汕大旱，很多江河水源干涸，只有这口井水源长年不断，可供800人饮用。

仙门城老寨

老寨建于明建文年间，距今600余年，南北面宽142米、东西进深148米，建筑面积约2.1万平方米，寨墙为古式夯土结构，总长600多米。有东、南、北3个寨门，至今巍然屹立。

汕头：探秘古村落

民居巷道

老寨内有多条巷道，阡陌交通，鸡犬相闻。鳞次栉比的建筑群里，分布着赵氏大宗祠、如川祖祠等多座祠堂、庙宇和民居。多处民居虽已年久失修，但从格局外观、斑驳的门楣、残缺的飞檐等处，仍依稀可见昔日的奢华。

老寨外围原三面环水，今仍存东、西两个大水池。东寨门设土地爷神位，门楼地面由13块青石板铺成。因年代久远，石板及寨门门槛被行人磨蚀至凹陷。

北门外有一棵古榕树，枝繁叶茂，一树成林，荫庇着这座古老的寨子。

仙门城大宗祠

（二）特色建筑

赵氏大宗祠

赵氏大宗祠位于仙门城古寨内东南角，坐西向东，面宽26.4米，进深24.5米，占地面积646.8平方米。始建于明建文年间（1399—1402），相传为仙师何野云指点、赵氏三世祖赵碧川创建，主祀仙门城一世祖赵五千、二世祖赵平田。

宗祠两进带中庭，地形为"猛虎跳墙"，前低后高，包括大门、中庭、正堂、正天井、左右廊、左右厢房、左右

仙门城大宗祠

仙门城大宗祠里的古石碑

侧门、左右侧廊、左右侧厢房、左右侧前后天井及左右侧堂等。正堂左侧有碑铭，记述建祠渊源。宗祠一侧专设殿堂立何野云像，以纪念何野云对赵氏之功。

赵氏大宗祠历代皆有重修，其中有丰富的文化碑刻及石雕、木雕、嵌瓷、壁画等传统艺术精品，是不可多得的文化遗产，对传承历史文化及海内外赵氏宗亲寻根祭祖有着重要的历史价值。

这里还有一种习俗，凡属大宗祖祠派裔孙于每年农历十二月廿四日前新婚、添男丁的，必于新年元宵节备办祭品供奉，拜祖感恩泽。

2017年，赵氏大宗祠和如川祖祠入选汕头市第六批文物保护单位名录。

如川祖祠

如川祖祠

如川祖是仙门城一世祖五千公派下十三世裔孙。

如川祖祠建于乾隆二十七年（1762），为土木建筑结构，内部格局为天井、拜堂、中厅及两厢走廊。正厅上方挂有"缵绪堂"牌匾，正厅中间神龛供奉列祖列宗神位，南北门匾额分别为"左昭""右穆"。如川祖祠里的许多老建筑至今保存完好。

祖祠随处可见的木雕、灰塑等民间工艺

仙师庙

仙师庙

仙师庙又名"耀宗社安乐宫",坐落在老寨和九石埔中间,创建于明朝正统年间,初建为古式土木平房结构,后原地扩建。有主坛及厢房,供奉何野云仙师、李白仙师、华佗仙师像,供乡民膜拜。据传,何野云四处云游,曾在此地定居,并指导赵碧川建祠。后代视何野云为恩人,每年农历八月十五何仙师诞辰纪念日,这里都设坛祭拜,周边乡邻也纷至沓来,场面蔚为壮观。

佛祖庙

佛祖庙始建于清嘉庆十五年(1810),为古式土木结

佛祖庙

老爷宫

供奉圣母娘娘的天地亭

碧华宫

构,左右两个厝包,后进行扩建,在原庙侧筑建混凝土结构楼房3层,后面建"四点金"土木瓦房一座,主厅供大圣佛祖、玄天上帝、观音菩萨、真君大帝、菩提祖师、保生大帝。

老爷宫

老爷宫又名"三王宫",始建于明景泰三年(1452),土木结构,三间布局,供奉三山国王、夫人妈、圣人爷、大使老爷神位。每年正月十三至十五日为三山国王出游庆典,盛况非凡。

三、碑刻:正统碑铭

仙门城老寨内现存不少古碑,立于赵氏大宗祠正堂左侧的明代石碑《正统碑铭》保存较为完好。碑文如下:

我族源流载之谱详矣。其自漳来潮筑居于斯地也。则始五千祖云,始祖特生二世平田祖。二世祖又特生三世祖碧川祖。碧川祖生四子:长松轩;次竹轩;次梅轩;次西畴。西畴别号遁叟。四子俱冠冕士林,行己克瑞,故其所以承先启后者。惟于任伦之道，礼义之防，为竟竟也。既而相与翼替。碧祖葬凤来朝之忻，又得伏地虎山，碧川祖百年后因葬焉。伯仲季，瓜瓞绵绵，独梅轩之，离乡狄处，□春秋配祀，世世遵守，罔敢失者。碧川祖妣刘氏也，与祖拮据，创起艰难，建祠以祀祖先，置田以资蒸尝。家道昌炽，实自三世始，有侍婢名唤桂花，及长命配工人杨二，越五月辄生男，未几携之贵屿。迨后长成，亦有子有孙，其子孙因就贵屿族居焉。然传世至今，我族从未与通婚者，岂非以别嫌明微，道所固然，礼尤宜而乎。夫置妾不知其姓则卜之，在婚姻之重邪。第恐世远迹湮，保无有视故辙为无稽，以自即于逾闲之失者，故勒之于碑，俾我族奕世子孙咸知恪守，而人伦之道，礼义之防，实赖以昭，揭而永垂云。

正统庚申五年腊月
念三日云孙敬立

因年代久远，上述碑刻有些文字已模糊或缺失，所录文字或许不大准确。在赵氏大宗祠门口左侧以及如川祖祠，也有多处碑刻。

四、民俗活动

每年正月十三至十五日为三山国王出游庆典。出游时，圣驾队伍、标旗队、大锣鼓队浩浩荡荡，周游全村，绵延几千米。所到之处，家家户户诚心奉拜，意在感神恩、颂圣泽、庆升平，祈求来年风调雨顺，五谷丰登。

每年农历二月十五日为佛祖庙大圣佛祖出游之日。是时，村民热情参与游神盛会，场面隆重。佛祖庙诸神像在标旗队、潮州大锣鼓队和村民簇拥下，巡游社区8个自然村。所到之处，村民虔诚膜拜，同贺阖境升平。

五、民间传说

（一）赵碧川"麒麟石"旁遇仙

地仙虱母仙，自称何野云，曾为元末起义军首领陈友谅的军师，兵败后隐姓埋名，云游到潮汕地区。从此，民间流传许多有关他的传说。

一天，天气晴朗，虱母仙云游到仙门城五坡墩。该处有一形似麒麟的大石头，村民称之为"麒麟石"。赵碧川是仙门城的第三代传人，有缘在"麒麟石"上与虱母仙相遇。赵碧川向前行礼道："敢问先生大名？"先生笑道："相逢何必曾相识，野云闲鹤任逍遥。你就称我何野云吧！"

赵碧川热情邀请何野云到家中做客，奉为上宾。赵母见客人虽衣衫褴褛，却是仙风道骨，且知儿子平素好结交天下奇士，也就热情款待。其时，先生见赵碧川年纪虽轻，但为人耿直忠厚、心地善良、品质淳朴，赵老太更是贤惠，深受感动，便听从赵家挽留，在仙门城住下来。自此宾主结下了"麒麟石"之缘。

（二）虱母仙建仙门城

一天，宾主且饮且谈。先生问赵碧川："是否要建祖祠？"赵碧川谦虚回答："建祠一事心中筹思已久……"

先生遂献出"猛虎跳墙"一处风水宝地，为建赵氏宗祠吉地。又在明洪武年间，献策筑建寨墙共计100版，寨开三门，定为生门、开门、杜门，即东门、南门、北门，唯独不开西门。又从随陵处开渠引来"四响水"，环绕城垣四周，汇流于东门大榕树下荫蔽处的沙尾溪。水声淙淙，却不知水从何而来，陌生人难找到入水口和出水口。先生尽使象数遁甲之术，处处留下易理玄机，奥妙难测，至今还难以破解。

可惜建至99版寨墙之时，便有人密告官府，告山门城筑城墙，固若金汤，是要造反。寨墙正待竣工之时，却被官府制止。至今600多年，寨墙还屹立如初。城为虱母仙所建，故称"仙城"。

又在寨内老圩前，掘井取泉，水深数尺，久雨不溢、旱而不涸，可供寨内外近千人饮用，称为"仙泉井"。至今，泉水不断，随取随涨。

后来，虱母仙做了很多好事，碧川等人的感激之情难以言表，遂建"耀宗社""安乐宫"崇祀何野云，追念其建井之功。迄今几百载，仙城古寨、古井保存完好。安乐宫几经修葺，华丽典雅，也成为当地一处景点。仙泉古井就在门前，具有重要的历史文化价值。安乐宫后来在仙湖文物风景区内拓建成安乐亭、三仙法殿，香火续祀何野云先师之功绩。[①]

六、特色小吃：仙城束砂

仙门城特色产品仙城束砂畅销海内外。仙城束砂又叫"天公豆"或"糖皮花生"，是汕头著名的传统小吃，也是汕头潮南区仙门城的特产零食。仙城束砂历史悠久，始创于清同治年间，仙门城人赵嘉合用炒熟的花生米拌上煮炼成的白糖，摇簸制作成颗粒状的糖果，称"束砂"。

仙城束砂所用花生米均经精选，去除小粒和霉变"臭仁"，使颗粒大小相近，品质优良；制作后，糖衣均匀、洁白、酥脆。其特点是质地松脆，束砂外表糖衣落地即碎，

---

① 上述传说资料部分采用林俊聪编著《虱母仙传奇》，2019年印制。

而花生仁完好，味道香甜可口，为小吃或喝工夫茶之佐料，深受赞赏。

七、仙湖风景区

仙湖风景区位处仙城镇境内大南山北麓中段，距潮南城区13千米。景区内有多处新石器时代晚期的文化遗址，也有明末民族英雄郑成功抗清驻军营地旧址。它背山环水，湖光山色，自然景色优美。

仙湖景区内有多处景点，其中，东区有天山龙泉、蓬莱仙苑、财星拱照、天云楼阁、洞天福地（崇德院），南区有南极生辉（南辰宫）、文物展厅、郑成功纪念碑、花卉基地、万类咸昌（放生池），西区有紫竹林苑、八卦亭楼、民俗庙道、瑶池道坛、南海慈航（法船）、福海桥亭、皈依大厅，北区有龙虎门湖光、林默圣庙、北斗寿星（北斗宫）、

仙湖风景区一角

仙湖景区

颐养乐苑（福利院）、古人陵园等。

仙湖倒影为仙湖景区得天独厚之自然景观。仙湖主景区背靠粮山，面向仙湖和金溪水库，有山有水。倘若天气晴好，湖水如镜，水中倒影有山有树有云，有流金溢彩之亭台阁榭，青山映碧水，山水相映成趣，令人有"粮山抱镜照容颜"之遐思。

八、重教兴学

仙门城历来注重培养下一代人才，坚持兴学育才，把优化教育环境放在首位。1987年至1992年，仙门城兴建全村第一所初级中学——仙门城中学。校舍布局新颖美

仙门城中学

第一小学（友南小学）

观。学校占地面积27000平方米，建筑面积13845平方米，有礼堂、图书馆、食堂等，教育配套设施齐全，是一所初具规模的农村初级中学，教学质量在全区同等中学中名列前茅。

社区对小学教育十分重视。自2002年以来，全社区新建了第一小学（友南小学）、第二小学（伯翘小学）、第三小学（友北小学）、第四小学（新星小学）、第五小学（新联小学）、第六小学（西美小学），共6所学校，为社区少年儿童勤奋读书创造了优良环境。

社区现有小学生2000多名，教师100多名。现6所小学校配套设施齐全，学习环境安全舒适，社区教育事业正在向现代化目标大步迈进。

第二小学（伯翘学校）

第三小学（友北小学）

九、美丽乡村建设

近年来，社区党委以习近平新时代中国特色社会主义思想为指引，坚持党在社区一切事务中唱主角，引导乡贤和社会力量，全面推进

第四小学（新星小学）

第五小学（新联小学）

第六小学（西美小学）

仙门城社区建设

农村人居环境整治，建设生态宜居的美丽乡村。

社区党委书记赵元廷率先垂范，以积极的创新意识和顽强的拼搏精神，带领"两委"干部倾情投入美丽乡村建设中。此外，邀请南京大学城市规划设计院北京分院对社区建设做出整体规划蓝图，拆除违章建筑，治理池塘河道，新建改造村道，保护老寨，兴建文化广场和公园。

近年来，仙门城社区党政班子将弘扬地方特色文化、丰富群众精神生活摆在重要的位置，投入250多万元成立仙门城社区和顺馆金狮队和潮乐社。和顺馆金狮队聘请民间知名武师任教，多次参加各种庆典活动，大获好评。仙门城社区潮乐社现有成员258名，分为11个组，每周均邀请汕头戏曲学校的老师前来指导排练，技艺日益精进。

2020年12月省专家组在仙门城社区考察如川祖祠

仙门城社区

2018年4月，社区新时代文明实践中心在仙门城社区书院挂牌成立。这标志着社区文化事业发展向前迈出坚实的一步。每逢节日，在这里或文化广场举办的丰富多彩的文艺活动，如读书活动、社区论坛、文艺演出、党的十九大精神宣讲会等，深受群众喜爱。

仙门城的喜人变化，得到上级部门的肯定，获得村民的赞许。社区已荣获汕头市潮南区"创文示范社区"光荣称号，赵元廷获"汕头市道德模范""汕头最美创文人"等称号。

目前，社区广大干群正以高昂的激情，把握机遇，在社会主义新农村建设的征程上，谱写碧水环绕、绿色宜居、美丽风情的绚丽篇章。

（作者：姚望新、李晓鼙、王秋林；摄影：袁笙、郑伟深，社区提供）

仙家，建设美丽乡村

仙家村

乡村一角

在仙家这座历史悠久的村落里,有古朴的老屋、宁静的巷道、清澈的溪水,还有新时代风貌。

汕头市潮南区陇田镇仙家社区背倚南山,面朝大海,西南与溪西村交界,北与浩溪村毗邻,东溪水流淌而过。

仙家村创村于宋淳祐十一年(1251),依山创寨,先前该地有多处小山丘,古名"山家",因山花烂漫、景致宜人,后雅称"仙家"。

仙家村至今仍保存着古寨子完好的轮廓。从空中俯瞰,仙家古寨就像美丽的枫叶,鳞次栉比的古老民居就如树叶上缕缕清晰的叶脉,而蜿蜒环绕古寨的东溪则像为叶子镶上了一道金边。

近年来,在习近平新时代中国特色社会主义思想的指引下,仙家社区党委、居委会致力于美丽乡村的建设,确立"产业兴旺、生态宜居、乡风文明、治理有效、生活富裕"的发展思路,推动社区乡村振兴各项事业的发展。社区先后获得潮南区农村管理先进单位、党建示范单位,汕头市创文强管先行示范村,汕头市平安生态村居,广东省卫生村,广东省宜居社区,第七批广东省古村落等荣誉称号。

一、地理位置及历史渊源

仙家村辖区总面积347.5万平方米，村庄面积42万平方米。世居村民主要姓氏有郑、萧、颜三姓。中华人民共和国成立前后，又有陈、朱、张、姚等姓氏迁入聚居。现有总户数1760户，人口逾9000人。

仙家村始建于宋淳祐十一年（1251），由南迁居民聚居而成，坐落于龙溪干流聚积地沙埔之上。先前该地有多处小山丘，分布于村落各处，现已被推平，龙溪干流自延寿桥分流沿寨前蜿蜒东去，直至大海。

《潮阳郑氏享祀堂族谱》记载，郑氏起源于郑国，至三十九世为过江南迁一世祖，及至十世郑徽于北宋宣和四年（1122）以福建乡试解元调任广东三泊漕运货泉都运使，因公务过潮阳，见此处山清水秀、民风淳朴，遂刱神山而落籍开基，为潮阳之神山系始祖。[①]

郑族立籍沙陇，约在明朝中期，始于神山仁房十一世福生公。当时，南山大龙溪、小龙溪流经沙陇，然后注入龟头海，沿海一片滩涂尚未开发。福生公看重这一风水宝地，便到沙陇谋生，经过艰苦开拓，初定居东波水门仔。郑族立籍沙陇后，就向滩涂地方发展，修渠排水造田，进行农耕捕捞。由滩涂开发的土地，更宜于种植水稻。粮足就丁旺，沙陇郑族传至十四世，人丁开始兴旺，逐步发展，成为沙陇一大望族。

历史上，仙家村一直属潮阳县沙陇管辖，中华人民共和国成立后隶属潮阳县沙陇公社，1994年归潮阳市沙陇镇，2004年至今属潮南区陇田镇。

---

① 参见享祀堂理事会编修《潮阳郑氏享祀堂族谱》，2014年印刷，第41页。

巷道和民居

二、古村落概貌和民居特色

仙家村传统建筑占地280亩，有清代以来的古民居420座。传统民居以具有潮汕民居特色的土木结构建筑为主，如"下山虎""四点金""五间过""三座落"等。随着历史的演变、朝代的更迭，也形成了各时期、各朝代的建筑风貌。

这里有一条长长的红砖路，村民称之为"砖仔巷"，是古寨的"主干道"。沿着砖仔巷蜿蜒前行，就到了古寨门。据村民介绍，所谓的古寨门其实并没有门，只是一块石头。这块石头至今尚存，上有"石敢当"字样。以此石头为中轴线，古寨子里面的民居鳞次栉比。

明代中末期，有许多姓氏辗转移居该村，并建有民居，历经数百年的风雨，至今仍有许多遗存。其中，建于清末的通德里（"南园"）是一处规模较大的民居群体建筑。

通德里位于仙家村古寨内，为清末著名教育家郑邦任辞官返乡后所建，俗称"南园"。

"南园"民居建筑群由主座、两火巷、前后花园和后库组成。门楼坐西向东，是一座两层小楼，大门门楣"通德里"三字清晰可辨。进门左侧为前花园，右侧为建筑群，中间为庭前广场。正座为主体建筑，门匾上镌刻"太史第"三字，两侧火巷各有两座"四点金"，左右两座匾额各书"厚德载物""书带流芳"，昔日主人深厚的人文底蕴由此可见。

通德里建筑工艺精湛。据郑氏后人介绍，原前花园有假山亭台、荷塘曲径，宛如苏杭园林，可惜历经岁月风雨，花园只

通德里

余颓垣断壁。所幸 3 座主体建筑历经 100 多年,至今屹立不倒,由其恢宏气势依稀可见昔日的繁华。

三、宗祠和庙宇

祠堂建筑是潮汕古建筑中重要的类型,是古村落的文化核心和空间中心,见证了传统乡村的生存本领、生活智慧和创造才能。仙家村现有宗祠 9 座,其中,郑氏宗祠 7 座,萧姓、颜姓宗祠各 1 座。

郑氏宗祠"享祀堂"

(一)宗祠

郑氏宗祠"享祀堂"

仙家村 7 座郑氏宗祠中,以"享祀堂"年代最为久远,建于清道光二十二年(1842)。现有的祠堂皆为郑氏后人近年在原来基础上重修的。金漆木雕、嵌瓷、石雕和楹联等潮汕文化元素被大量运用其间,令老祠堂重焕光彩。

郑氏宗祠"昭德堂"

郑氏宗祠"昭德堂"

"昭德堂"始建于清光绪中叶，民国初年续建，20世纪50年代被用作学校，半个世纪后归还。2000年，郑氏后代倡导重修。"昭德堂"建制与其他几个宗祠有别，前有照壁，行龙虎门。

郑氏宗祠"世德堂"

郑氏宗祠"世德堂"

"世德堂"为郑氏动勋祖于清光绪年间建成，历经 120 多年，残破不堪。后代倡议重修，众裔孙踊跃捐资，2002 年重光。

郑氏宗祠"永思堂"

郑氏宗祠"永思堂"

"永思堂"建于清同治三年（1864），距今已100多年。郑尧臣曾捐资重修。近年再次重修，祠堂金碧辉煌，华堂焕彩。堂前有一副对联："永继祖范诗礼传家学先贤，思而后行世风毋忘遵古训。"

郑氏宗祠"崇敬堂"

郑氏宗祠"崇敬堂"

"崇敬堂"始建于民国初年,历经百年,残破不堪。裔孙发起重修,于2001年择吉重光。

郑氏宗祠"敬诚堂"

"敬诚堂"为郑氏二十九世裔孙振文公倡议,在原宗族公厝基础上兴建,于2011年动土开工,翌年竣工,立名"敬诚堂",旨在"妥先灵,序昭穆,明世系,承祭祀。敦亲睦族,追思列祖列宗,启迪薪火传人"。

郑氏宗祠"敬诚堂"

郑氏宗祠"庆德堂"

郑氏宗祠"庆德堂"

郑氏宗祠"庆德堂"位于仙家伯公巷,该房属神山系一脉。据祠堂内的《潮阳郑氏祖祠大观》介绍,祖祠"庆德堂"(十七世祖)建于清代乾隆年间。"土改"时期,分配给私人居住。风雨沧桑,屋顶破漏不堪,有倒塌之危。2001年,众裔孙齐心协力,慷慨解囊,捐献资金以赎回部分业权,并重新修建,重光晋主祭拜。

萧氏宗祠

萧氏宗祠

从萧氏宗祠《祠志》中可见，宗祠"继序堂"为兰陵衍派始祖致政公宋时避战乱至此所建，后几经修葺。现有"继序堂"重修于公元2000年。萧氏宗祠历经多次重修，再焕光彩，嵌瓷、金漆木雕、石雕、壁画，十分精美。一副副昭示萧氏渊源的对联对仗工整、朗朗上口，极具文学价值。

萧氏宗祠

颜氏祖祠

颜氏是仙家村创村姓氏。其宗祠原为三世祖恪叟公于明宣德九年（1433）所建公厝，之后裔孙将颜氏祖祠更名为"恪叟祖祠"。今存恪叟祖祠为2006年重修，题匾"鲁荣联芳"。

据考证，历史上第一个以"颜"为姓氏的人，是颜回的十八世祖"友"，得姓于公元前900多年间。颜氏家族在当时是鲁国的卿大夫，地位仅次于姬姓后裔，其后为春秋时期的鲁国望族。后代便多以"鲁国"作为堂号，以示荣耀。

颜氏祖祠牌匾

恪叟祖祠

提起颜氏，不得不提到中国古代著名思想家、教育家孔子的得意门生颜回。在《论语》中，孔子对颜回高度评价："贤哉，回也！一箪食，一瓢饮，在陋巷，人不堪其忧，回也不改其乐。贤哉，回也！"盛赞颜回贫而好学、安贫乐道的品格。在仙家村，颜氏宗亲认为自己是颜回的后裔。因此，宗祠匾额题"鲁荣联芳"，可见颜氏后代对颜回思想品德的尊崇和继承。

（二）庙宇

仙家村现有庙宇7座，分别供奉三山国王、妈祖、狮爷等神明。这些庙宇皆由村民祖先建造，又几经后人修葺。它们具有强大的生命力，在这片古老的土地上默默地伫立了几百年，守护着村庄与村民，也见证着这个村子漫长的历史和深厚的人文积淀。

四、仙家古庙传说

仙家古庙坐落在老寨口、东溪畔，常年香火不断，其中供奉的就是三山国王。

三山国王，也称"潮州三山神"，源于隋朝（581—618）潮州府揭阳县霖田（今属揭西县），是潮汕本地神中最古老而又最有影响者，被潮汕子民奉为守护神。

有关三山国王的传说，发源于粤东的潮州、惠州、梅州交界处的3座名山——巾山、明山、独山。相传，三山国王本为隋代连、乔、赵3人，因救圣驾有功而封王，镇守粤东的潮州、惠州、梅州交界处的3座名山。从唐朝开始，三山神成为当地山神，潮人普遍对三山神顶礼膜拜，每年都要定期祭祀三山神，祈求能够消灾纳福。

仙家古庙的由来有一段神奇的传说。相传有一年潮阳发大水，村民在东溪发现一尊三山国王神像逆流而上，至此便踟蹰不前，村民认为该神与此地有缘，遂将神像打捞起来供奉。

后来，陇尾村族老发现神像正是陇尾宫原来供奉的三山国王，遂前来要回。仙家村族老也欣然归还。一段时间后，该地再次发生水灾，这神像又逆流而上来到仙家。这次，仙家村族老认为，这不是偶然的事情，一定是三山国王看好仙家，要在此安身，庇护村民，遂在原地建庙供奉。

古庙

五、历史名人

（一）郑邦任（授翰林院庶吉士、清末著名教育家）

郑邦任，字熙绍，号莘吾。清代藏书家、教育家。生于清道光三十年（1850），卒于民国十五年（1926），享年76岁。

《潮阳县志》记载，"郑邦任，沙陇人，邦俊弟，官翰林院庶吉士"。郑邦俊是前科举人。

郑邦任生于沙陇一个商贾之家，父郑建就。他少年天赋聪慧，勤奋学习，13岁时，即清同治二年（1863）中秀才，同治十二年（1873）乡试得中举人，清光绪九年（1883）上京殿试登进士，授翰林院庶吉士。

郑邦任被钦点翰林后，在京任兵部主事，是一闲官。当时曾有一权宦暗示郑邦任出资3000两银子，就可得到浙江钱塘县令的美差。郑邦任不愿花钱买官，于光绪二十四年（1898）毅然报称母病，辞官回乡。

郑邦任的壮年时代，正是维新变法时期。他是康有为、梁启超同时代的知识分子，深受康、梁思想的影响。他看破宦海沉浮，不愿长期混迹官场，遂退居故里。按沙陇郑氏望族族规，有了功名，就可享受仁祖的"宦爷"租石、衣租食税；而且照清朝定例，凡翰林出身，即使不任职，在地方上当绅士，也能与总督、巡抚等封疆大臣平行来往。在这种社会历史条件下，郑邦任还是选择了回乡蛰居当绅士的道路。

郑邦任回乡时，从京沪等地购来大批图书，在家乡建了"惜兰香馆"书房。该书房藏书丰富，为郑邦任赋闲读

"南园"

书、颐养品性之所，是当时沙陇乃至潮阳一个有名的书轩。郑邦任回乡后，建府第，正座官厅匾书"太史第"。该府第位于沙陇仙家后溪埕，有前后花园，为当地及县属之巨寓，俗称"南园"。

光绪三十一年（1905），光绪帝废科举，办学堂。郑邦任就在沙陇倡办履新学校。履新学校是沙陇和潮阳早期的新式学制学校，敦聘新思想教师，为社会培养了不少人才。光绪三十三年（1907），郑邦任又与乡人清朝末科进士出身的范家驹等人创办了六都高等小学堂（六都中学前身），聘请留学人士主持学堂。六都高等小学堂很快成为潮汕一所出色的学校，各乡村学习其经验，办学之风盛行。

为发展沙陇至潮阳县城的水路交通，繁荣沙陇经济，郑邦任出资赞助沙陇至棉城龙井义渡。他善举公益，极力兴办对乡里有益之事。晚年时，其子孙拟设筵宴为他祝寿，他极力劝阻，以为虚糜金钱，不如化无益之为举办有益之事，遂移喜庆筵席之资建沙陇双溪嘴桥。时人因感其德，誉该桥为"延寿桥"。该桥为洋灰钢筋结构，造型美观、结构坚固，修建至今已逾一个世纪，仍是沙陇溪西乡和兴陇乡之间的通途。

（二）郑尧臣（上海富商、著名藏书家）

郑尧臣，仙家村郑氏宗祠永思堂子孙。父亲郑宝，号韫山，昔年为翰林郑邦任掌管厨膳。

郑宝生二子，长良初（尧臣），次良庆。郑尧臣生于光绪初年，幼年聪慧过人。后赴上海求学，通英文。清末，在英租界"哈同洋行"当过翻译，并逐渐成为洋行买办，后又自营宁波商人转让的永康商行。

永康商行主要经营房地产、钱庄。1910年至1922年是永康家族最旺盛的时期。当时，永康家族拥有上海、苏州、九江、镇江等地房地产500余处，家族总资产达到100万两银圆，为沙陇"上海客"首富。据说，当时永康购入的房产，交接多凭契据。至于房产在哪一条路、哪一条街，只有管家知道，主人无从实地查看。由此可见当年永康家族的房产之多，到了令人惊叹的地步。1916年，郑尧臣在溪西村建造豪宅"吉六里"，并捐资重修仙家"永思堂"以供奉祖先。

郑尧臣生三子，长际镛，次际宣，季际科。郑际镛曾留学美国。1922年，郑尧臣英年早逝，其上海等地房产、钱庄由父郑宝、弟良庆经营。现在，其家族裔孙多居上海和海外。[1]

郑尧臣还是民国时期的大藏书家，其藏书数量可与丁日昌、饶锷相比。其收藏的除了书，还有刻印。"龙溪精舍"为郑尧臣藏书楼的名字。从其1917年所刻印的善本《龙溪精舍丛书》目录看，辑录有先秦、两汉至民国时期的重要著作，依经、史、子、集四部分类，共60种，445卷。

---

[1] 参见《想当年，称霸上海滩的除了黄金荣杜月笙，还有我们潮汕沙陇郑！》，见搜狐网（http://www.sohu.com/a/248593155_698126）。

每种书前均有郑氏自序或转录《四库提要》，以说明其梗概。其中，经部5种多为善本，其他各类亦大多是精校本。

六、乡村产业

仙家传统经济以农业为主，主要种植水稻、番薯、花生、蔬菜等。改革开放后，仙家鼓励发展工副业，引进"三来一补"企业，创办家庭作坊等多种民营企业。随着改革开放的进一步深入，仙家的工业生产、商贸经营已蓬勃兴起。电缆电线、服装、家具等工业企业纷纷崛起，在带动乡村经济迅速发展的同时，也满足了村民的就业需求，推动了脱贫攻坚工作的顺利进行。现在，村中农业生产在经济中的比重已不足20%，村民收入来源主要有工业生产、商业经营、工资性收入。

沙陇仙家鱼丸以其鲜甜、酥脆、香醇而享有盛誉，它的独特风味让人难以忘怀，是汕头潮南区陇田镇仙家特产美食。沙陇鱼丸历史悠久，起源于清代咸丰同治年间的沙陇渔行。当时，沙陇是潮、普、惠三县有名的商贸集市，沙陇渔行将购买的各地海鲜，经精挑细选之后，分成类别，

沙陇仙家鱼丸

加工成各式产品,销往潮汕各地。

沙陇鱼丸制作程序烦琐精细,选料及配料严格,多以马鲛鱼为主要原料,经精细制作,丸肉细软柔滑无碎骨,富有弹性,鲜美爽口,有甘醇余味,常为席上佳肴,也是家宴的一道好菜。

七、乡贤助力教育事业

仙家乡贤素有爱乡传统,热心家乡公益事业。深圳金龙羽集团、广东南洋电缆股份有限公司、兆康公司、大为集团等企业的创办者都是乡贤翘楚,他们积极支持美丽乡村建设和慈善事业。

2014年,乡贤郑有水先生捐资2000万元,兴建和成中心幼儿园。该园于2016年投入使用,现有教师28人,开设12个班,招收幼儿429名,为社区及周围村居解决了学前儿童就读问题。

而乡贤郑钟江先生、郑钟南先生、郑少奎先生也出资于2014年在仙家华侨学校建成两幢新教学楼和一座礼堂,为社区及周围村居解决了学位需求问题,提升了仙家小学的办学环境。

仙家华侨学校

幼儿园

乡村振兴

八、启程乡村振兴

近年来，仙家社区党委、居委会坚持以习近平新时代中国特色社会主义思想为指引，致力于美丽乡村建设，确立"产业兴旺、生态宜居、乡风文明、治理有效、生活富裕"的发展思路，推动社区乡村振兴各项事业发展。

社区党委以创建"提质领航"示范点为工作重心，聚焦强化示范带头、提质阵地功能、完善组织制度、丰富组织生活等重点工作，将组织优势转化为发展优势。

在创建文明城市行动中，社区党委一直坚持严要求、高标准，积极开展环境整治活动，保护古村落，升级改造社区面貌。社区以建设生态宜居的美丽仙家为目标，加大对农村基础设施和公共服务的投入。先后修缮古村落巷道、浚深溪渠、完善寨溪景观，让水更清、村更美。同时，建设完善文体小公园、江南体育场等公共活动场所，增强社区文明氛围和文化气息。

文体公园

　　仙家文体公园占地19亩，于2012年10月1日开园。为净化乡容乡貌，建设宜居社区，近年来，社区"两委"向上级政府申请资金支持，同时发动深圳金龙羽集团、兆康公司、大为集团的创办者等乡贤进行捐资，完善公园设施，提升公园环境。种植大量花草树木，增添多种多样景观，配有乒乓球桌等体育健身器材，后续又增设了羽毛球场、广场舞舞场。这些场地是群众乘凉、散步、聚会、健身的好去处。

　　2020年，仙家推进美丽乡村建设，大力整治村容村貌。对东溪周边环境进行全面改造，实行雨污分流，浚深河道，美化两岸环境，因地制宜，建造景观亭、景观长廊。现在，东溪水清鱼现，杨柳依依，小桥流水，美景如画。

小桥流水　　　　　　　　　　装上美观的灯箱

东路、西路的两侧墙体装扮一新　　　巷道洁净

此外，加大对乡村商业街区整治，拆除五花八门的广告牌，统一设计安装广告灯箱。放眼望去，整齐划一、美观大方的广告灯箱又成为美丽乡村建设的新一景。改造乡村的主要道路——东路和西路，两侧房屋墙壁统一贴上马赛克瓷片，设置宣传栏，专设"美丽乡村建设""社会主义核心价值观"等专题宣传板块，强化新时代文化氛围，让古村落焕发更大活力。

为激活农村土地资源，改善农民居住条件，社区兴建农民公寓，对扶贫对象给予住房保障方面的倾斜帮扶。

近年来，社区集体经济保持平稳增长，各项社会管理有序，社会治安稳定，乡容乡貌整洁、乡村宜居，居民安居乐业，邻里和睦，民风淳朴，文明祥和。

处处有美景

东溪变靓

　　幸福都是奋斗出来的！
　　社区党委、居委会将继续践行"绿水青山就是金山银山"的理念，利用好当地的传统文化和区位优势，全面推进农村人居环境整治，建设生态宜居的美丽乡村。

（作者：姚望新、李晓犟；摄影：袁笙）

下编小结

　　这7座乡村的文章及照片，是近3年来笔者和同事调查研究的收获。有的是顶着烈日、踏着滚烫的地板采访所得，有的是挑灯夜战、翻阅大量书籍后筛选出来的结论，或许还有纰漏，还有诸多不尽如人意之处。这里，我们要为这7座乡村点赞，它们为潮汕文化保存了极为宝贵的历史文化财富——包括物质的和非物质的。我们还要感谢这些乡村的干部与村民，感谢他们默默地守护自己美丽的家园。

广东省古村落（汕头）名单

（广东省文学艺术界联合会、广东省民间文艺家协会评定命名）

澄海区隆都镇前美村

澄海区莲下镇程洋冈村

澄海区隆都镇龙美寨

澄海区东里镇樟林

澄海区莲华镇隆城乡（陇南村、隆华村、隆北村、东光村）

澄海区溪南镇南砂乡（东社、西社、南社、北社）

潮阳区贵屿镇南洋村（古南阳村）

潮阳区关埠镇下底村

金平区鮀江街道鮀东村（云露、木坑、桥头、夏趾）

金平区鮀江街道蓬洲村（蓬洲东、蓬洲西、蓬洲南、蓬洲北）

濠江区马滘街道凤岗社区

金平区月浦街道沟南社区

濠江区达濠街道葛洲社区

潮南区峡山街道大宅社区

澄海区澄华街道冠山社区

濠江区礐石街道珠浦社区

澄海区澄华街道上窖社区

濠江区广澳街道东湖社区

潮南区仙城镇仙门城社区

潮南区陇田镇仙家社区

（截至2020年）

后记

近年来，因工作需要，我参与荐评广东省古村落专项工作，因而有更多机会和时间走进田野乡间。斑驳的石板路、沧桑的古民居和丰富多彩的民俗风情是我们调查的宝贵素材，也成了我们挥之不去的记忆。于是，便萌生结集的念头，希望能为古村落的现状留下图文资料。目前，汕头已有20座乡村评上广东省古村落。书中论证部分多以评上广东省古村落的汕头乡村为例。

本书得以顺利付梓，离不开各方面的帮助。中国民间文艺家协会副主席、广东省民间文艺家协会主席李丽娜女士亲自为本书撰写序言；汕头市文联给予大力支持，澄海、濠江、潮南等区文联也给予协助。此外，对汕头市民间文艺家协会工作团队的艰辛劳动、相关乡村及热心人士的真诚付出，在此也一并致谢。

作者

2021年4月8日